ÍRIS PAULA ROCHA

ditado por SYLVIA

SOL DA LIBERDADE

Dados Internacionais de Catalogação na Publicação (CIP)
(Câmara Brasileira do Livro, SP, Brasil)

Sylvia (Espírito).
Sol da liberdade / Sylvia; psicografia
Íris Paula Rocha. -- Catanduva, SP : Boa
Nova Editora, 2006. --

ISBN 85-86470-41-4

1. Espiritismo 2. Psicografia
I. Rocha, Íris Paula. II. Título.

98-1436 CDD-133.93

Índices para catálogo sistemático:
1. Psicografia: Espiritismo 133.93

Impresso no Brasil/*Presita en Brazilo*

ÍRIS PAULA ROCHA

ditado por SYLVIA

SOL DA LIBERDADE

boanova

Instituto Beneficente Boa Nova
Entidade coligada à Sociedade Espírita Boa Nova
Av. Porto Ferreira, 1.031 | Caixa Postal 143
Catanduva/SP | CEP 15809-020
www.boanova.net | boanova@boanova.net
Fone: (17) 3531-4444

1ª edição
10.000 exemplares
Fevereiro/2006

Capa
Direção de arte
Francisco do Espírito Santo Neto
Designer
Cristina Fanhani Meira

Revisão
Maria de Lourdes Pio Gasparin

Editoração eletrônica
Cristina Fanhani Meira

O produto da venda desta obra é destinado à manutenção das atividades assistenciais do Centro Espírita Fonte de Esperança, de Brasília, DF, e da Sociedade Espírita Boa Nova, de Catanduva, SP.

SUMÁRIO

Capítulo I

O MOSTEIRO DE SANTA CRUZ

A chuva amainara, mas continuava a cair, fina, intermitente, no pátio interno do velho mosteiro. A construção antiga era constituída de inúmeros cômodos, cujas paredes de pedra maciça, acinzentadas, davam-lhe um aspecto ainda mais melancólico. O silêncio era quebrado apenas pelo impacto das gotículas de chuva contra o piso de granito que o tempo não conseguira desgastar. Da janela do salão superior, Damian, o filho caçula da família Toledo, absorvido pelos próprios pensamentos fitava o horizonte, estático, à semelhança de uma forma humana esculpida nas pedras que o circundavam. Era-lhe doloroso estar distante do lar, longe do aconchego da família, rumo a um futuro com o qual não sonhara para si. Em obediência à determinação paterna ali se encontrava, coração oprimido, quase às lágrimas.

Aos dezoito anos de idade, trazia o olhar triste, sem o viço inerente aos jovens da mesma faixa etária. Contrários aos desejos paternos, os seus anseios levavam-no em direção ao estudo da medicina, a sua paixão desde a infância. Dentre os irmãos, era o único a dedicar tempo e esforço na aquisição de novos conhecimentos, enriquecendo-se intelectualmente, favorecido pela inteligência incomum.

Pablo e Ramiro Neto, afeitos às lidas do campo, eram livres para escolherem os próprios destinos. Ele não conseguia compreender a persistência paterna em confiná-lo no mosteiro para tornar-se um sacerdote, mesmo que lhe faltasse vocação para tal.

Em meio às divagações, uma voz metálica, porém distinta, veio informá-lo de que havia visita à sua espera. Um lampejo de alegria reacendera-lhe o brilho dos olhos castanhos e, com o coração aos saltos, acompanhou o seu condutor até a sala destinada às visitações.

No ambiente modesto, no qual a rústica e escassa mobília perdia-se na sua amplitude, deparou-se com a figura opulenta do genitor. A barba ruiva e compacta do recém-chegado pareceu-lhe menos cuidada do que o habitual. Indo ao encontro daquele homem, de expressão severa, conteve o impulso de atirar-se em seus braços movido pela forte emoção que o envolvia.

– Pai, como é bom rever-te novamente! Como estão mamãe e todos de casa?

Abraçando-o formalmente, sentou-se ao seu lado, e continuou a falar controlando a agitação íntima diante do agradável reencontro.

– Estou com muitas saudades! Os dias longe do lar parecem intermináveis!

– É natural que te sintas assim. Uma semana é um tempo muito reduzido para que já estejas adaptado. A família vai bem, não te preocupes.

– Isso jamais ocorrerá. Este não é o destino que sonhei para mim.

– Basta de réplicas! Já conversamos demais sobre o assunto, para mim o caso está encerrado. O que podes entender sobre sonhos ou louvores? Como padre, tuas oportunidades serão inúmeras. O estudo vinculado ao bem que possas fazer pelo próximo te facultarão a conquista do reino dos céus.

– Seria isso um privilégio destinado a tão poucos homens na terra? Jesus foi um carpinteiro, não um padre. Por que não posso servir a Deus no sacerdócio da medicina?

– Cala-te, insensato! O Filho de Deus foi um santo e não um homem comum entre nós. Tu não desconheces a minha promessa diante do Pai Celestial quando salvou a tua vida, ao nasceres. Portanto, resigna-te diante da vontade do Criador e segue o caminho determinado por Ele e não por mim, como o afirmas.

– Pai, porque achas que justo Ele, detentor de toda a sabedoria, não seria capaz de desconsiderar as palavras ditadas pelo desespero de um coração aflito?

Atenuando a inflexão da voz, o senhor Toledo acrescentou, procurando manter a calma:

– Damian, contém os pensamentos pessimistas. És um escolhido de Deus, reflete sobre isso. Quanto a mim, procurarei não dificultar a tua adaptação aos novos deveres. Ficarei um tempo maior sem te visitar, dessa forma, acostumar-te-ás mais rapidamente à vida reclusa.

– Por favor, não faças isso!

Esforçando-se para não se deixar comover pelas palavras do rapaz, Dom Ramiro expressou-se irritado:

– Estás a envergonhar-me com as tuas choramingas. Partirei imediatamente. A viagem é longa e cansativa. Padre Selênio te dará o amparo necessário à tua permanência aqui. Tenho certeza de que ficarás bem.

O senhor Toledo, ainda muito vigoroso nos seus sessenta anos de idade, beijou as faces do filho e afastou-se rapidamente depois de desejar-lhe sorte. A sós, Damian deixou que as lágrimas banhassem-lhe o rosto desolado pelo desânimo, enquanto calafrios indescritíveis percorriam o corpo sob forte comoção.

Padre Selênio, amigo íntimo da família, de longas datas, adentrou o recinto deparando-se com o rapaz em pranto convulsivo. Aproximando-se do jovem, tocou-lhe o ombro suavemente e procurou acalmá-lo após perceber-lhe o constrangimento diante de sua presença.

– O pranto é refrigério da alma, meu filho! As lágrimas provêm da coragem de se admitir que existem fraquezas a serem superadas, ou, da presença de emoções que necessitam serem expandidas, transformando-se em sentimentos nobres, crescentes, dentro de cada um de nós.

Como o rapaz permanecesse calado, o conselheiro continuou a apaziguá-lo com palavras de incentivo:

– Repele do coração o sentimento de autopiedade. Não te permitas mergulhar no mar do desespero, que sufoca a fé, enfraquecendo a esperança de desfrutarmos de dias melhores amanhã. Aproveita o tempo que passares neste lugar. Retira de tudo todo bem que puderes para disciplinar a alma atormentada pelos conflitos íntimos. Sê paciente e entrega a Deus o teu destino, fortalecendo-te na oração sincera, a forma mais eficiente de reencontrarmos a nós mesmos.

– Tenho orado muito, padre, acredita! Mas não consigo entender, muito menos aceitar o posicionamento de meu pai. Uma promessa, isso é um absurdo! Se Deus me salvou a vida, decerto não foi com o intuito de tornar-me seu escravo.

– Não fales assim, pobre criança! Servir ao Senhor deveria constituir-se numa grande honra para todas as criaturas.

– Existem mil formas de fazê-lo sem que seja necessário enclausurar-me neste lugar!

– Concordo contigo, todavia, o momento não é oportuno para cultivarmos a revolta dentro de nós. Lembra-te de que honrar pai e mãe é um dos mandamentos divinos. Obedece e resigna-te, pois, diante das determinações paternas. Agindo dentro da lei, por certo estarás amparado por ela.

Mesmo contrariado, Damian não contra-argumentou as considerações do amigo e protetor, encaminhando-se, ambos, para a capela onde se iniciaria a oração que precedia a hora do jantar.

Os meses passavam lentos para o jovem seminarista. A

monotonia do lugar e a rotina das tarefas realizadas dentro e fora da instituição aumentavam-lhe a avidez pela leitura e pelos experimentos com ervas medicinais desenvolvidos pelo próprio padre Selênio. Mas, apesar do esforço empreendido para aproveitar o tempo disponível, continuava a sentir aversão pelo claustro.

Auxiliado pelo amigo religioso, conseguiu autorização para ter acesso à biblioteca local, na qual se encontravam as mais variadas obras das áreas da Filosofia, da Matemática, da Química, da Alquimia, da Astrologia, dos estudos náuticos, como também da Medicina, entre tantas outras. Ali costumava passar longas horas dedicadas aos assuntos de seu interesse.

Certa manhã, à sombra de um carvalho localizado no jardim externo ao mosteiro, o rapaz entretinha-se lendo um livro de poesias. Os cabelos crescidos caíam rebeldes sobre o rosto, cobrindo-lhe parcialmente o semblante descontraído, acentuando sua semelhança física com a mãe, a senhora Toledo. O nariz proporcional às formas da face angular destacava os lábios de contornos finos, que contrastavam com os de sua mãe Anastácia, carnudos e sensuais. Os olhos graúdos, profundos, somavam-se aos traços interessantes, quase belos, formando um conjunto exótico, de agradável aparência. O corpo emagrecido, ainda em formação, estendia-se displicente sobre a relva orvalhada. Mais a frente, o pomar sob a guarda dos internos da instituição esbanjava viço e frescor nos variados frutos pendentes nas folhagens verdejantes. As hortaliças, não menos viçosas, adornavam a área destinada à cultura de tomates, cuja comercialização representava a maior fonte de renda da pequena comunidade. Algumas variedades de flores eram cultivadas em canteiros próprios, formando um vasto e belo jardim em contraste à austeridade da secular construção.

O mosteiro fora construído por ocasião da invasão das terras portuguesas pelos mouros, no fim do século XVII. Sua construção visava proteger os invasores da retomada das terras pelos habitantes naturais da região. Estes, depois de algum tempo, conseguiram expulsar os forasteiros.

Em completo abandono, durante muitos anos, fora doado à Igreja nos meados do século seguinte, a qual improvisou algumas adaptações, transformando a fortaleza no mosteiro que ora abrigava a comunidade de padres beneditinos.

A tarde caía sem pressa. Os internos dirigiam-se para a capela, onde logo mais seria realizada a prece finalizando as atividades do dia. Damian, ajoelhado entre as primeiras fileiras, orava fervorosamente.

"Senhor, filho unigênito de Deus Pai, Todo Poderoso. O cordeiro sacrificado pela nossa salvação, tem piedade de mim, que nada sou além de um reles seguidor, limitado por paixões incontroláveis, atormentado por chamamentos desconhecidos, cujo testemunho muito tem deixado a desejar. Sofro, Senhor, por não conseguir Te servir a contento. Falta-me convicção suficiente para tornar-me um de Teus fiéis sacerdotes, resignação necessária para caminhar sem vacilações e falta-me, sobretudo, a vontade de abandonar os sonhos de outrora, para, santamente, palmilhar o calvário por Ti percorrido.

Senhor, se não me cabe servir-Te como um cidadão comum, como um pai de família honrado, como médico abnegado aos desvalidos da sorte, então retira de mim os anseios agonizantes. Liberta-me o peito cansado pela luta improfícua. Socorre-me, Senhor! Proteje-me dos males a corromper-me o íntimo desfalecido. Não me abandones, eu imploro!"

As lágrimas, abundantes, inundaram as faces rubras do rapaz. Os outros noviços, compenetrados, aguardavam o início da prece a ser proferida pelo padre Selênio que se preparava mentalmente para fazê-la. Ao término da solenidade, de curta duração, todos se retiraram para a sala de refeições, onde participariam da última ceia do dia, antes de se recolherem aos dormitórios coletivos.

À saída, padre Selênio abordou o seu tutelado ao percebê-lo entristecido.

– Como passaste o dia, filho? Senti tua falta no laboratório.

– Estive lendo um pouco. À tarde, ocupei-me com os afazeres domésticos. É a minha semana como auxiliar de cozinha.

– Ótimo! Aproveitaste bem o teu tempo.

– Tenho feito grande esforço para acostumar-me a essa vida tão solitária.

– Teu empenho tem sido notado por todos. És muito querido entre nós. Anastácia haverá de orgulhar-se com a tua desenvoltura.

A referência à mãe deixou-o emocionado.

– Pobre mãe! Tomara tenha ela superado o desgosto de ver-me partir tão infeliz.

– A senhora Toledo é uma mulher de fibra. A resignação diante dos processos inexplicáveis da vida é uma de suas maiores virtudes.

Enquanto conversavam, os dois amigos adentraram a sala de refeições tomando dois lugares numa das mesas de madeira, na qual vários companheiros já se encontravam assentados.

Com o intento de acalentar a alma de seu acompanhante, o religioso prosseguiu incentivando-o:

– Damian, tens sido um bom aluno e excelente colaborador nas minhas pesquisas sobre as ervas medicinais. Espero que tua melancolia íntima seja preenchida pelos labores valiosos que tens sabido desenvolver muito bem.

– Padre, não pretendo enganar-te com dissimulações descabidas. Todas as noites, antes de dormir, reflexiono profundamente sobre a vida, e cada vez mais me certifico de que não pertenço a este lugar. Sou uma pessoa comum, acometida por pensamentos impuros – e baixando os olhos, prosseguiu, timidamente – portanto, não mereço estar aqui. Embora o esforço que faça para conservar-me em harmonia, meus sonhos... têm sido extravagantes, tormentosos. Receio estar insano.

– Insano? Quais razões terias para considerar-te dessa forma!

Percebendo o embaraço do moço, o ancião colocou-lhe a mão no ombro encorajando-o a abrir-lhe o coração.

– Não ouso contar-te, senhor. És um homem santo!

– Damian, Damian. Estás equivocado quanto à natureza dos homens. Sou, ou melhor dizendo, esforço-me por ser um servo de Deus, apesar dos defeitos e das dificuldades que limitam minha alma, ainda tão ignorante diante da grandiosidade do universo. Os Santos encontram-se nos páramos celestiais, enquanto eu rastejo num mundo tão desconhecido pela humanidade. Além do mais, somos amigos. Podes confiar piamente neste velho companheiro que te viu nascer!

– Na verdade, não se trata de falta de confiança em tua pessoa, a quem prezo como a um pai. Sinto-me envergonhado, humilhado, diante de tamanha torpeza de minha mente.

– Ora, filho! Não são os padres os maiores responsáveis por ouvir-nos em confissão?

– Decerto que sim. Amanhã, então, irei encontrar-te no confessionário, antes do início da missa das seis horas.

– Estarei à tua espera. Procura repousar bem esta noite. Confia em Jesus, Ele não desampara a nenhum de seus irmãos.

A sopa de legumes fora servida, e todos silenciaram diante da abençoada refeição. Após o consumo do apetitoso alimento, num ritual silencioso, os internos encaminharam-se para seus aposentos, permanecendo no local apenas a equipe escalada para a limpeza e ordenação do ambiente.

Nessa noite, Damian mal conciliara o sono em razão da expectativa de confidenciar ao amigo dileto as conturbações armazenadas na alma conflituosa. Antes das cinco horas, horário em que se iniciavam as atividades no mosteiro, o rapaz dirigiu-se para a capela, onde passou a aguardar com ansiedade o encontro combinado com o padre Selênio. A pouca luminosidade produzida pelo lampião a óleo, preso à parede, próximo ao genuflexório, parecia intensificar a quietude do ambiente, favorecendo-lhe a busca da paz interior.

Em poucos instantes, o padre adentrou o recinto e iniciou a rotina de preparação íntima, objetivando ouvir os confessandos, entregando-se ao ministério de orientá-los, convenientemente, segundo as inspirações advindas do Divino Espírito Santo. Tomando o lugar na pequena cabine reservada para o ofício, colocou-se em oração. Damian, o único que chegara até o momento, aproximou-se timidamente. Percebendo o jovem através da minúscula abertura de tela, o religioso saudou-o amistosamente, dando-lhe ensejo de abrir o coração, libertando-se dos seus conflitos.

– Padre, – iniciou o rapaz com a voz embargada – confesso-me culpado por não conseguir acatar, de bom grado, as determinações de meu pai. Apesar das preces, faltam-me forças suficientes para combater a revolta a corroer-me o íntimo atormentado e sufoca-me a idéia de tornar-me um sacerdote, estando consciente de não reunir os caracteres necessários para tal aspiração. – Fazendo pequena pausa, prosseguiu amargurado: – Além disso, tenho sido acometido por pensamentos impuros, persistentes, inadequados àquele que se consagra ao serviço do Senhor...

Os longos anos devotados à congregação e aos seus seguidores habilitava o bondoso padre a antever as razões desequilibrantes das idéias do jovem confitente. A mansuetude natural confirmada pelo olhar brando e a ampla capacidade de ouvir, orientar e consolar, facultava-lhe o poder de atrair os aflitos, assistindo-os em suas dores, amealhando recursos em prol dos mais necessitados, cuidando das mazelas do corpo e da alma dos que o buscavam em desespero.

De procedência humilde, padre Selênio ingressou no seminário, como aluno, por intermédio de um padrinho muito bem relacionado com o clero da cidade. Por força da grande vocação para o ministério religioso, destacou-se dentro da congregação tornando-se o mais jovem seminarista a tomar os votos de sacerdote à sua época. Estudioso por excelência e de extremada dedicação aos postulados da Igreja, era muito solicitado pela comunidade local como conselheiro de famílias ilustres e do povo em geral.

Comovido pelo relato de seu tutelado, razão comum de desequilíbrio entre tantos jovens que ali se encontravam por imposições familiares, o confessor discorreu sobre as alterações hormonais, orgânicas e psicológicas pelas quais estava passando em face da idade em que se encontrava, como também, alertou-o quanto à pressão de natureza psíquica à qual se vinculara de forma punitiva, desencadeando-lhe os transtornos emocionais e até mesmo físicos, culminando na sensação de angústia, levado pelo sentimento de culpa.

Orientando-o a administrar os impulsos naturais da sexualidade, redirecionando-os ao exercício do intelecto e das atividades físicas, fê-lo certificar-se de que suas pseudo-anomalias não passavam de processos normais do desenvolvimento humano, carecendo de disciplina e de auto-educação.

Imensamente aliviado, o rapaz deixou o local motivado pelas palavras de incentivo do amigo e disposto a vencer o desafio que até então lhe tirara a paz e a vontade de viver.

***

O dia amanheceu iluminado pelo sol banhando os verdejantes e floridos canteiros estendidos pela vasta área ao redor do mosteiro. A brisa suave soprava movimentando os galhos orvalhados das fruteiras do pomar, enquanto as flores do primoroso jardim bailavam sob o céu azul-claro, sem nuvens.

Observando o vigor das rosas multicolores que em breve estariam expostas à venda na feira do pequeno lugarejo situado a poucos quilômetros, Damian recordou a figura singela de sua mãe, cuja paixão pela natureza refletia-se na variedade de plantas que cultivava em sua propriedade. Enchendo os pulmões com o ar fresco da manhã, suspirou fundo, levado pela satisfação de haver desfrutado de uma ótima noite de descanso, sem a presença dos desconfortáveis pesadelos dos últimos tempos. Mais otimista, tomou nas mãos o instrumento de podar os galhos mais frágeis que excediam do roseiral, iniciando a tarefa para a qual nem todos possuíam a habilidade adequada.

Passados alguns instantes, percebeu, ao longe, a poeira levantar-se na estrada, denunciando a vinda de uma condução que decerto traria em seu interior algum visitante. Continuou a executar o seu trabalho, tentando disfarçar a curiosidade de saber quem poderia estar chegando àquele local.

Conforme a aproximação do veículo, o jovem percebeu tratar-se do coche utilizado por sua família, o que fez o coração bater forte no peito pela inesperada ocorrência. Saindo ao encontro da condução parada à entrada do antigo mosteiro, deparou com a figura paterna apresentando visível fadiga, estampada no rosto avermelhado, conseqüência do intenso calor daquela hora. Pressentindo algo errado, o rapaz recebeu o cumprimento do pai, após vê-lo sacudir a poeira das vestes. Fitando os olhos azuis do recém-chegado, o moço constatou uma ponta de preocupação em seu olhar, não conseguindo conter o pedido de uma explicação.

– Pelo nosso último encontro, supunha não te rever por agora. Aconteceu alguma coisa?

Procurando tranqüilizá-lo, Dom Ramiro evitou uma resposta imediata, enquanto se encaminhavam para o interior da instituição.

– Estás com ótima aparência! Fico feliz em perceber-te com outro ânimo.

– Procuro fazer o melhor que posso. Ainda assim, levarei algum tempo para me acostumar a esta vida de reclusão.

– O importante é saber-te bem. Atendendo ao desejo de tua mãe, aqui me encontro antes do previsto. Anastácia tem andado um pouco depressiva ultimamente e anseia por tua visita. Coisa breve, é claro!

Conhecendo bastante o temperamento do genitor, o rapaz sabia haver algo mais sério. Caso contrário, jamais se submeteria aos caprichos de ninguém, mesmo em se tratando de sua mãe, a quem ele amava profundamente.

– Estás a esconder-me alguma má notícia. O que tens a dizer? Anastácia está doente?

Dom Ramiro pigarreou antes de responder.

– Os médicos acham que o problema é do coração. Ainda não temos certeza do que realmente seja, todavia, melhor será não contrariá-la.

Acometido por súbita apreensão o rapaz se propôs a pegar alguns pertences enquanto o pai se encarregaria de comunicar o seu afastamento aos superiores. Sem perda de tempo, os dois homens puseram-se a caminho, com o propósito de encontrarem pouso antes do anoitecer.

A viagem transcorria sem incidentes. Damian observava a paisagem verdejante das terras espanholas, através da janela da condução, maravilhado com o contato com a terra mãe. Há quase um ano encontrava-se longe do aconchego do lar, dos amigos, da primeira e talvez, única namorada. Lembrou o sorriso maroto da rapariga de longas tranças negras e enrubesceu, desviando o pensamento para os seus familiares. Evitando dar asas à imaginação, povoando a mente com fantasias inadequadas, tentou iniciar um diálogo com o senhor Toledo.

Como não encontrasse receptividade em seu acompanhante, que preferira permanecer de pálpebras cerradas, imerso nos próprios pensamentos, o rapaz silenciou, retornando às recordações, nas quais o rosto alegre de Luíza teimava em perturbar-lhe a tranqüilidade íntima. A lembrança do primeiro beijo fê-lo estremecer. Tal acometimento levou-o a concentrar-se na figura materna, a qual não via a hora de abraçar efusivamente. Entregue à emoção que o envolvia, fixando a vegetação nativa à passagem do veículo, não percebeu furtivas lágrimas deslizando pelas faces do genitor.

Dom Ramiro, embora parecesse adormecido, conservava os olhos semicerrados, de modo a poder admirar o semblante juvenil do rapazola à sua frente. A semelhança física com Anastácia era inegável, chegando a comovê-lo. Tomado por intensa ternura, conteve o impulso de tomá-lo entre os braços, como costumava fazer quando era criança. Receava enfraquecer-se de seus propósitos diante dessa postura de carinho. Homem austero, moderadamente carinhoso, honesto e trabalhador, não media esforços para oferecer uma vida confortável a seus entes queridos. Por detrás do semblante compenetrado, sério, quase inacessível, escondia-se uma personalidade generosa, por vezes flexível. Sua capacidade de auxiliar os amigos, incondicionalmente, era proporcional à hostilidade com que tratava os adversários, sem contudo, prender-se a perseguições desnecessárias.

O coche prosseguia na estrada, sacolejando conforme as irregularidades do caminho. Finalmente, após os longos dias de viagem, com paradas obrigatórias em razão da necessidade do descanso dos animais, adentrou os domínios da propriedade dos Toledos. A extensa área, destinada à criação de eqüinos, era conhecida pelo nome de "Campo Santo", por se tratar de uma região de terras planas, cuja vegetação verdejante recobria os pastos como um tapete aveludado, colorindo-se de flores campestres, realçando a beleza natural, como se ali fosse um pequeno pedaço do paraíso.

À parada do veículo, Damian desceu alvoroçado, com o coração aos pulos. Quando alcançava a escadaria de mármore que dava acesso à entrada principal da casa, foi detido pela voz paterna.

– Espera um instante. Aonde pensas que vai de forma... estabanada! Tua mãe não pode sofrer grandes emoções. Preciso prepará-la para receber-te.

– Desculpa-me, pai, pelos arroubos provocados pelas minhas saudades. Aguardarei o momento oportuno de rever minha mãe.

Comovido com a humildade do filho, o senhor Toledo afastou-se sem demonstrar os seus reais sentimentos.

Sentindo-se como um estranho em sua própria casa, o rapaz percorreu a ampla sala da antiga moradia, detendo-se em cada detalhe do confortável ambiente gravado em sua memória. Tudo lhe parecia igual: o lustre, com o qual ficava deslumbrado ante o brilho dos inumeráveis pingentes de cristais refletindo os raios solares sob o teto; a mobília importada da França; os tapetes fartamente espalhados sobre o mármore polido; as cortinas; os quadros pintados por artistas famosos, expostos em ricas molduras folheadas a ouro; o retrato do falecido avô paterno, preso acima da escrivaninha de seu pai, contendo o mesmo olhar severo, cujo semblante desafiador sempre o intimidara, parecia fitá-lo com maior desdém. Estremeceu ao recordar-se dos poucos momentos vivenciados em sua companhia, servindo de alvo às provocações humilhantes nos encontros familiares, embora as intervenções imprescindíveis de seus pais a seu favor.

As vozes de Pablo, Ramiro Neto e de Álvaro, o servo mais antigo da família, tiraram-no da desagradável abstração. Abraçando os irmãos e o companheiro que o vira nascer, o jovem recém-chegado deu vazão ao pranto há muito contido no peito. A emoção tomou conta de todos, fortalecendo o elo de amizade existente entre os irmãos, inseparáveis desde a infância, e o velho serviçal, o mais emotivo do grupo.

– Nem acredito que estás aqui novamente! – comentou Álvaro, enxugando as lágrimas.

– Por pouco tempo, meu amigo, não te esqueças disso – observou o rapaz querendo conscientizar mais a si mesmo que o outro.

– Decerto que sim, todavia, enquanto aqui estiveres, cuidaremos para que te sintas feliz.

– Mais do que já estou? É impossível, caro amigo. É muito prazeroso estar entre os meus familiares. Pena as circunstâncias que me trouxeram de volta ao lar.

– Desde que partistes, nossa mãe tem sofrido intensa melancolia – considerou Ramiro Neto, o primogênito, com ares de preocupação.

– Creio que ao rever-me bem de saúde e adaptado à minha nova condição de vida, Anastácia reagirá positivamente, superando o atual estado em que se encontra.

– E realmente te consideras realizado como seminarista? – inquiriu Pablo, o mais inconformado com o confinamento do irmão.

Procurando ocultar a ponta de tristeza em seu olhar, Damian concordou, mudando o rumo da conversa.

– E os dois, o que têm feito durante minha ausência?

– Continuo a ajudar nosso pai na parte administrativa. Pablo tem se destacado em cuidar da saúde dos animais. Por ter o dom natural de diagnosticar as enfermidades mais comuns, foi convidado para ser assistente do marechal-ferrador Sr. Hernandes Sabosa, que é a maior autoridade em doenças de animais da região.

– Muito bom vê-los realizados com o que fazem. Também tenho me desenvolvido no estudo das ervas medicinais sob a orientação do padre Selênio. É esplêndido verificar o poder curativo das plantas!

Álvaro, que até então permanecera calado, propôs uma pausa para deglutirem o delicioso lanche, mandado preparar momentos antes. Dom Ramiro, sentado à cabeceira, aguardava-os, lendo algumas correspondências acumuladas durante sua ausência. Após a breve refeição à base de pão, leite, bolo e biscoito, Damian finalmente recebeu autorização para ir ao encontro de sua mãe.

Acompanhado pelo senhor Toledo, à medida que avançava pelo corredor, o coração do jovem saltitava no peito. Estacando frente à porta, onde outrora sua mãe costumava receber os amigos mais íntimos para o tradicional chá da tarde, agora transformado em seu aposento particular, visto localizar-se no andar térreo da residência, bateu levemente de encontro à mesma. A anuência da voz feminina respondendo ao sinal, fê-lo precipitar-se para o interior do ambiente, indo, diretamente, debruçar a cabeça sobre o colo da genitora. Sem deixar de perceber o rosto emagrecido da bela dama, manifestou-se afogueado.

– Mãe, como estás linda, pareces um anjo pendido do céu!

– Menino maroto, – disse entre lágrimas a dona da casa – continuas a ser a mesma criança de sempre!

Contendo as lágrimas, o moço intentou gracejar para distrair a mãe.

– Enganas-te, agora sou homem feito, não percebes?

Segurando o rosto do filho entre as mãos, Anastácia assentiu beijando-lhe a testa.

– É verdade, minha criança tornou-se um belo rapaz!

Dom Ramiro, assegurando-se do controle emocional de ambos, retirou-se para deixá-los mais à vontade. À sua saída, mãe e filho abraçaram-se longamente, corações opressos, ansiosos. Damian foi o primeiro a quebrar o silêncio advindo da forte emoção que os envolvia.

– Mãe, por vezes penso que papai não aprecia nos ver juntos. Talvez, nem gostaria que eu tivesse vindo.

– São improcedentes tuas impressões, meu querido. Podes até não compreender determinadas posturas de Dom Ramiro, contudo, tuas considerações são injustas para com ele. Além de bom pai, sempre demonstrou dedicação extremada pela família, procurando dar o melhor de si para proporcionar-nos uma vida digna, sem os escolhos provenientes de atitudes irresponsáveis e desairosas, tão comuns em nossa sociedade.

– Desculpa, sei o quanto o amas e eu também, apesar de tudo.

Fitando o filho, compassiva, Anastácia procurou apaziguá-lo.

– Conheço-te mais do que qualquer pessoa nesta vida. Sei das tuas amarguras íntimas, contudo, filho, precisas perdoar a teu pai. Como tua mãe e amiga peço-te retirares do coração o ressentimento que carregas como um fogo a abrasar-te as entranhas, obstruindo tua razão, alimentando forças contrárias ao equilíbrio de tua alma. Teus anseios não são desconhecidos por mim e quanto lamento não poder te ajudar. Penso que há uma determinação divina em relação a ti. Aceita, portanto, o caminho a ser percorrido com resignação e apreço, pois não cabe a nós discutirmos as diretrizes traçadas por Deus, sem incorrermos no risco de nos precipitarmos no despenhadeiro, onde nos aguarda a dor e o desespero.

As palavras de Anastácia caíram como um bálsamo no íntimo do jovem ouvinte. Fitando-lhe os olhos azul-violeta, umedecidos pelas lágrimas de enternecimento, o jovem abraçou-a emocionado, sem ousar replicar as considerações que julgou equilibradas e convincentes. Enquanto abraçados, mais uma vez, em silêncio, rogou a Jesus a força necessária para levar adiante o seu inexorável destino.

Pela primeira vez não experimentou revolta diante da situação que sempre considerou abominável, prometendo a si mesmo esforçar-se mais e mais para evitar o fracasso, por vezes, prestes a fazê-lo sucumbir.

Os dias transcorriam rápidos na fazenda "Campo Santo". Anastácia, a cada dia mais fortalecida, saía a caminhar em companhia do filho caçula, aproveitando-se desses momentos para insuflar-lhe ânimo novo, estimulando, com muito otimismo, as expectativas quanto ao aprendizado excelente que poderia aproveitar na convivência saudável, em companhia de Padre Selênio.

Renovado espiritualmente, Damian partiu, levando consigo as doces impressões do aconchego familiar, embora a saudade lhe machucasse o peito predisposto a suportar as agonias, no momento, sob controle. Recordando os conselhos maternos, o amanhã parecia-lhe menos amargo. Contudo, ao adentrar as cercanias de Évora, onde se localizava o mosteiro, o coração apertou-se novamente. Procurando manter a mente firme e confiança nos seus propósitos cristãos, desceu da condução retirando a pequena mala e alcançou o interior da austera construção, movido pelo sentimento sincero de superar suas limitações.

Capítulo II

O NOIVADO INESPERADO

O castelo da família Oliveira erguia-se soberbo sobre o monte Alcázar. Cercado por rochas, bosques e savanas, de cujo terraço durante o silêncio da noite podia-se ouvir o rugido provocado pelas águas do mar batendo de encontro aos rochedos à distância. A construção secular constituída de pedra e granito, vinha, há muito, percorrendo as gerações passadas até chegar aos atuais proprietários, não perdendo ao longo dos anos os caracteres originais. As cortinas, os tapetes, as estatuetas de bronze, tudo caracterizava o cuidado empreendido pelos moradores na preservação dos objetos antigos. Naqueles dias, o clima era de alegria. Amigos e parentes da família desfrutariam da hospitalidade de seus anfitriões, por uma semana, em razão do aniversário da bela Ana Cecília, única filha do casal.

Ignorando a pretensão de seus pais de, na oportunidade, apresentarem-na ao futuro consorte, a mocinha transitava feliz entre os convidados, dos quais recebia os mais variados elogios. O coração inocente de menina-moça batia descompassadamente ante a presença do galante Juarez Botelho, homem de reputação duvidosa, sem se deixar convencer pelos conselhos dos pais, que incansavelmente a alertavam sobre a conduta desvairada do envolvente cavalheiro. Completamente seduzida pelo rapaz, Ana Cecília desvencilhou-se da companhia dos amigos e alcançou o jardim externo que dava acesso ao bosque.

Recostado sobre o tronco contorcido de uma árvore, Juarez aguardava ansioso pela presença da moça. Tinha dúvidas se Cecília lera o bilhete colocado debaixo da porta de seu aposento. Vendo-o à sua espera, a jovem aproximou-se sorrateira, segurando-lhe o braço num movimento rápido, indagando-lhe brincalhona:

– Esperas por alguém, cavalheiro?

Sobressaltado, Juarez deu um passo à frente, mas ao reconhecer a namorada, sorriu.

– Queres matar-me de susto, adorável criança?

– Odeio quando assim me chamas. Nos próximos dias completarei dezesseis anos.

– Oh, havia-me esquecido! Dessa forma, poderás então receber o teu primeiro beijo de amor!

Enrubescida, a moça repreendeu-o:

– Ficaste louco! Poderíamos ser vistos por alguém!

– Tanto melhor. Assim, serias obrigada a me permitir falar a teus pais.

Fugindo ao abraço do rapaz, Ana Cecília continuou a explicar-se:

– Sabes o que meus pais pensam a teu respeito.

– Eu juro ser inocente das acusações a mim atribuídas!

– Contudo, continuas sendo visto nas mesas de jogos, sempre às voltas com inúmeras mulheres.

– São mexericos, meu anjo, pura maledicência! – disse puxando a jovem para junto de si. – Ando em lugares públicos, é bem verdade, e não posso evitar que uma ou outra mulher se aproxime. Entretanto, é só isso, o meu coração somente a ti pertence.

Desvencilhando-se novamente dos braços do rapaz, Ana Cecília insistiu:

– E o jogo?

– Ora, minha princesa, somente uma apostazinha aqui, outra ali, nada comprometedor!

– Juarez, não brinques comigo. Papai fez outro dia um comentário horrível a teu respeito!

– Sobre o que o teu honroso pai teria a me expor?

Percebendo a ironia nas palavras do namorado, Ana Cecília esclareceu:

– Meu pai não tem o hábito de comentar sobre a vida das

pessoas, entretanto ouvi-o dizer à minha mãe que teu tio Barreto afirmou-lhe que estavas a levar tua família à falência.

– Intrigas do meu tio. Ele não me perdoa por não cortejar sua filha, Maria Dolores. De fato, minha família está passando por grave crise financeira, mas devido à geada que atingiu grande parte de nossas plantações de uvas. Foi uma tragédia. Nossa produção de vinho ficará muito comprometida.

– Mas, Juarez...

Colocando o dedo sobre os lábios da moça, o rapaz insistiu:

– Cala-te, Ana Cecília. Sou um homem de vinte e seis anos, apaixonado e completamente à mercê do amor. Peço acreditares em mim e na força deste sentimento que me acorrenta a ti.

Surpreendida pelas palavras do mais conhecido galanteador da região, Ana Cecília, presa por forte encantamento, acolheu passivamente o beijo suave que Juarez há muito lhe implorava. Após o primeiro momento, ainda aturdida pela forte emoção, a moça reagiu afastando-o assustada.

– Nunca mais faças isso! – disse quase em pânico. – Se papai nos visse, poríamos tudo a perder.

– Perdoa-me, querida! Fui vítima de um impulso louco e incontrolável. Não acontecerá mais, prometo.

– Não me julgues uma tola. Quero apenas preservar-te perante os meus pais. Temo que pensem que sejas um oportunista, um mero aliciador de mulheres.

– Compreendo, meu amor, mas não quero que te vás antes de dizer que estou morrendo de ciúmes dos teus admiradores.

– Os olhos azuis de Ana Cecília brilharam de satisfação. Confiante nas palavras do amado, a jovem tentou acalmá-lo:

– Ninguém poderá te substituir em meu coração. Eu te amo, Juarez, e nada no mundo poderá modificar o que sinto por ti.

– Oh, minha querida, como é bom te ouvir falar assim! Antegozo o dia em que poderei tê-la para sempre entre os braços.

Deixando-se abraçar pelo rapaz, Ana Cecília continuou:

– Peço-te, contudo, compreensão quanto à atenção que devo dar a meus convidados.

– Tentarei deixar-te à vontade, mas tão logo surja uma ocasião oportuna, quero falar com teus pais.

– Ainda não é o momento. Já foi um milagre conseguir que te deixassem entrar nesta casa.

– Vou mostrar a eles o quanto estão enganados a meu respeito, tu hás de ver!

– Vamos voltar, pois que mamãe já deverá estar sentindo a minha falta.

Após breve despedida, ambos rumaram para o interior da exótica residência.

Ainda abrasada pela emoção provocada pelo encontro recente com o namorado, Ana Cecília dirigiu-se a seus aposentos para recuperar a serenidade. Dotada de inteligência e beleza, a herdeira dos Oliveiras, ao contrário da mãe, possuía uma personalidade determinada, caprichosa, capaz de desafiar os princípios morais mais exigentes, se necessário fosse, em busca dos seus objetivos de felicidade. Desde criança fora submetida a uma educação rígida, cercada por todos os mimos, preparada para se desenvolver como excelente dama, nos moldes da sociedade européia. Possuía pensamentos próprios sobre a vida e não concordava com o costume existente entre as famílias ilustres de acordarem o enlace matrimonial entre seus filhos, com o objetivo de perpetuarem a posição social de seus descendentes. Sabia que os genitores traçavam planos para o seu futuro, todavia confiava que haveria tempo suficiente de lhes fazerem aceitar a sua escolha individual sobre o homem a quem deveria tomar por esposo. Chegou até a janela de seu quarto para apreciar a bela manhã, realçada pelos primores da natureza, certa de que conseguiria levar a termo os seus propósitos. Absorvida por seus pensamentos, não percebeu a aproximação de sua mãe, Ofélia.

– Bom dia, filha! Estranhei que não estivesses entre os convidados.

– Estava me deliciando com a beleza desta manhã. Tudo parece tão perfeito!

– Por que então não desfrutá-la mais de perto? Estão todos à tua espera.

– Vens também?

– Agora não, estou a procurar por teu pai. Se o vires, dize que preciso lhe falar.

– Algum problema?

– Nenhum, querida. Apenas desejo consultá-lo sobre algumas providências rotineiras a serem tomadas. Podes ir tranqüila.

– Até mais ver! Se encontrar papai, darei teu recado.

Afastando-se ligeiramente, qual gazela selvagem, Ana Cecília não percebeu o ar de preocupação estampado no semblante de Ofélia.

A Senhora Oliveira, mulher ainda jovem e atraente, muito afeiçoada à família, não poupava esforços para que nada faltasse aos convidados. Incansável, percorria todos os cômodos, atenta, procurando verificar se tudo estava em ordem. A beleza singela era compatível com a personalidade branda e submissa aos valores ético-morais da sociedade extremamente conservadora.

Encontrou o esposo, a quem amava profundamente, rodeado de amigos em sua sala particular, em animada conversa. À porta, todos os olhares voltaram-se em sua direção. Sua timidez não lhe permitiu adentrar o ambiente, repleto de figuras masculinas. Percebendo o seu constrangimento, Afonso, o seu maior admirador, manifestou-se procurando deixá-la à vontade entre os visitantes.

– Sejas bem-vinda, querida! Vieste em muito boa hora, pois que os amigos presentes já se encontram sedentos de um bom vinho!

– Bom dia, senhores! Voltarei dentro de instantes e não só lhes trarei um excelente vinho de nossa adega, como também lhes servirei um bom petisco de queijo, encomendado especialmente para essa ocasião.

Todos aprovaram a sugestão e Afonso aproximou-se para saber se a esposa gostaria de falar-lhe em particular.

– Pareces preocupada, gostarias de dizer-me algo?

– Nada que não possa esperar o final desta simpática reunião – falou entre sorrisos, enquanto retirava-se disfarçando sua ansiedade.

Caminhara alguns passos quando ouviu uma voz familiar chamar o seu nome. Era o seu cunhado Gaspar, oferecendo ajuda com o transporte do vinho. Quis recusar, mas o cavalheiro não lhe deu oportunidade para negativas. Ao chegarem à adega, Gaspar de Oliveira abriu a porta, solícito. Sem lhe dirigir nenhuma palavra, a jovem senhora penetrou o recinto escuro, dirigindo-se ao local onde se encontrava o lampião e acendeu-o com o auxílio de seu acompanhante.

Tocando-lhe a mão intencionalmente, Gaspar exclamou em voz baixa:

– És uma mulher maravilhosa!

Ruborizada, Ofélia não ousou fitá-lo. Retirando de uma prateleira dois garrafões da deliciosa bebida, intentou retirar-se sem demora, sendo interceptada pelo cunhado.

– Espera um momento, por favor. Preciso falar-te.

Surpresa mediante a ousadia de Gaspar, Ofélia estacou atônita.

– Por que tens me evitado? – indagou irônico o irmão de Afonso. – Acaso não te é agradável a minha presença?

Reagindo ao aturdimento inicial, a senhora Oliveira manifestou-se contrariada:

– Peço que reconsideres tuas palavras... indevidas, poupando-nos de situações embaraçosas, sem razões consideráveis.

– Falas como se nenhuma importância tivéssemos um para o outro, mas a forma como te comportas me leva a crer que não sou indiferente a ti.

– Estás variando, senhor, se me julgas desse modo. A moradia está cheia de convidados e tenho dado atenção a todos, indistintamente.

– Não sou qualquer um, minha senhora, – irritou-se Gaspar, já sob efeito da bebida alcoólica absorvida anteriormente – e o que houve entre nós no passado não é algo que possa ser tratado com tanta displicência!

Tornando-se lívida, Ofélia buscava meios de fugir ao desagradável diálogo.

– Gaspar, o nosso passado diz respeito a duas crianças iludidas por um sentimento efêmero, há muito extinto.

Retirando das mãos da mulher os garrafões de vinho, descansou-os no chão fosco, de pedra, e segurando-a pelos ombros, Gaspar insistia, tomado de paixão:

– Chamas de passageiro este sentimento que me consome dia após dia? Como podes havê-lo esquecido depois de tudo?

– Eu... o passado está morto, Gaspar, morto!

– Gostaria muito que assim fosse, senhora. Todos esses anos sufoquei esse amor em meu peito que agora explode feito lavas incandescentes de um vulcão há muito adormecido. Enquanto Angeline permaneceu ao meu lado, pude suportar tal agonia, mas agora ele retorna impetuoso, rebelde como a fúria de um tornado.

– Gaspar, – suplicou a senhora – contenhas-te em nome de Deus e do amor que devoto à minha família. Sabes que amo o teu irmão Afonso, portanto, suplico sepultares para sempre as lembranças de outrora.

Apanhando novamente os garrafões de vinho, Ofélia precipitou-se para fora da adega com o coração aos saltos. Na cozinha designou a um dos criados servir o vinho e o queijo aos convidados e sentou-se no extenso banco de madeira ao longo de uma das mesas de serviço culinário. As mãos trêmulas, corpo formigando, dando-lhe sensação de pavor, a anfitriã esforçava-se por não deixar transparecer à criadagem o seu descontrole emocional. "Por que Gaspar resolvera reaparecer após tantos anos?", perguntava-se enquanto retirava a massa do recipiente sobre a mesa destinada a fazer o pão. "O que pretende? Terá enlouquecido?"

Maquinalmente, manuseava a massa caseira sem se concentrar no que estava fazendo. Percebendo-lhe a abstração, Cândida, sua irmã mais jovem, aproximou-se curiosa.

– Ofélia, estava a tua procura! O que tens? Estás tão pálida!

Disfarçando um sorriso, a outra desculpou-se:

– Nada de mais, uma leve indisposição, só isso!

– Por que não descansas um pouco?

– Com a residência cheia de pessoas? Estás louca?

– Admiro-te a coragem de receberes tantos convidados. Entretanto, estou a me preocupar contigo, pareces estar a desfalecer!

Nesse momento, Maricá, a serva de confiança da família,

adentrou o ambiente, dirigindo-se imediatamente ao encontro das duas mulheres. Cândida solicitou-lhe preparar um chá para a irmã e, a custo, conduziu Ofélia para o quarto do casal.

– Pronto! – disse solícita. – Agora procura descansar um pouquinho que seja. Em que te posso ajudar com as lidas domésticas?

– A sala onde será servida a refeição ainda não está completamente arrumada. Poderias verificá-la para mim?

– Não te preocupes, farei o que for necessário. Por ora, quero que permaneças no leito. Cuidarei para que ninguém possa te incomodar.

– Logo estarei bem, Cândida, acredita. Estou apenas cansada pela lida dos últimos dias.

Beijando-lhe a testa, Cândida afastou-se sem imaginar a gravidade da situação.

A sós, Ofélia debatia-se entre os dois grandes problemas a serem enfrentados: o primeiro, o assédio inesperado do cunhado; o segundo, o namoro às escondidas de sua filha com Juarez Botelho. Ambas as situações martirizavam-lhe a alma. Não mais conseguindo permanecer no leito, resolveu reassumir as tarefas caseiras enquanto pensava numa forma de amenizar suas apreensões.

O almoço fora servido conforme suas previsões. A diversidade de pratos saborosos e das sobremesas poder-se-ia dizer haver atendido aos mais exigentes paladares. Evitando o contato direto com Gaspar, atinha-se a dar atenção às mulheres enquanto Afonso entretinha-se a distrair os cavalheiros presentes.

Ana Cecília, alvo das atenções dos jovens rapazes e das moças, procurava, sempre que possível, estar ao lado de Juarez, que por sua vez não deixava escapar a oportunidade para cortejá-la.

O mútuo interesse dos dois jovens não passou despercebido ao Marquês de Setúbal, grande amigo da família Oliveira e padrinho da aniversariante. Preocupado com a possibilidade de se iniciar um relacionamento entre ambos, aproximou-se do pequeno grupo.

– E então, meus jovens, posso dispor da companhia dos senhores?

– Claro, padrinho, – expressou-se Ana Cecília com sinceridade – tua presença é muito bem-vinda entre nós!

– Obrigado, minha querida. Apesar de muito mais velho, aprecio estar entre os jovens, faz-me recordar os tempos de moço!

Todos apreciaram a presença do Marquês, visto tratar-se de uma pessoa alegre e interessante, à exceção de Juarez Botelho, que adivinhava-lhe as pretensões. Fingindo não perceber o desagrado do rapaz, o extrovertido senhor, ao lado da afilhada, começou a narrar inúmeros casos ocorridos durante a juventude, prendendo o interesse dos presentes.

Após inúmeros relatos, Sebastião de Setúbal enveredou a falar sobre casamento. Uma das jovens, cujo noivo não pudera estar presente, manifestou-se com ares de deslumbramento:

– Estou com saudades de meu noivo. Casaremos daqui a três meses. Imaginem só, a princípio detestei a idéia de desposá-lo, mas quando o conheci mudei de opinião.

– Então só vieste a conhecê-lo quando por ocasião do teu noivado? – admirou-se Ana Cecília.

– Dois dias antes de oficializarmos o compromisso, mas assim que o vi, apaixonei-me por ele.

– Não me digas! – desdenhou a aniversariante.

– Achas que não acontecerá contigo também? – repreendeu Sara Torres em defesa de Lúcia.

– Acontecer o quê? Paixão à primeira vista?

– Não, isso se tiveres a sorte de Lúcia. Refiro-me à escolha de um noivo por teus pais.

– Isso não tem cabimento! – irritou-se Cecília.

Aproveitando a ocasião para intervir, o Marquês manifestou-se, cauteloso:

– Minha querida, sabes, pois, que os filhos devem obediência aos pais. É muito comum em nossa sociedade esse tipo de acordo entre famílias do mesmo nível social.

– Sei, padrinho, contudo, espero que meus pais tenham um outro proceder, respeitando a minha escolha pessoal.

– Lamento que penses assim, minha menina. Decerto Afonso e Ofélia não haverão de se descuidar de assunto tão delicado.

Juarez Botelho ouvia a tudo procurando disfarçar a contrariedade. Os demais jovens mantinham-se em silêncio. Entre eles, o de aparência mais tímida, pediu licença para retirar-se. Aos vinte e dois anos, Ramiro Neto era um rapaz que despertava o interesse de qualquer moça de bom gosto. A vasta cabeleira castanho-clara fazia uma combinação perfeita com os olhos azuis herdados de seus pais. Quieto e introspectivo, tinha dificuldades de se relacionar com outros jovens. Pablo, dois anos mais jovem que o irmão, era muito extrovertido, tornando-se alvo das atenções onde quer que estivesse. Sempre em companhia de Ramiro, procurava estar envolvido com os demais jovens, originando momentos agradáveis e descontraídos. À saída do irmão, acompanhou-o enquanto os outros continuaram a discussão sobre o assunto palpitante.

Afastados do grupo, Pablo indagou ao Ramiro Neto:

– O que pretendes fazer depois do que ouviste?

Sério, braços caídos ao longo do corpo, o rapaz hesitou ao responder:

– Ainda não sei. Ana Cecília não parece disposta a desposar qualquer um.

– Tu não és qualquer um. És um Toledo! Qual moça não se sentiria feliz em ser tua prometida?

– Receio que não me aceite.

– Tu me pareces muito mais assustado em assumires tal compromisso do que a moça a rebelar-se com a futura condição.

– Não sei como me aproximar dela. Está sempre rodeada de amigos e não pareceu interessada em minha pessoa.

– Pudera, Deus Santo! Queres então que ela venha te fazer a corte? Ou será que não te agradaste da rapariga? – Pablo sorriu observando o desconcerto do irmão.

– Não me venhas com provocações. Bem sabes desde há muito o que sinto em relação à Ana Cecília.

– Então toma uma atitude, e logo, pois se tu não o fizeres, outro o fará.

Fitando o rosto do irmão que aos poucos transfigurou o sorriso de antes em ares de preocupação, Ramiro compreendeu o alerta quanto à presença de Juarez Botelho.

– Sei o que queres dizer. Aquele cavalheiro parece ser a sombra de Ana Cecília, onde estiver a moça estará ele a rondar, dificultando a abordagem de outras pessoas.

– Não te deixes intimidar, pois. Se não tomares a iniciativa de uma aproximação, como irás conquistar-lhe o coração?

Abanando levemente a cabeça como a concordar com as palavras de Pablo, Ramiro decidiu, por fim, procurar a jovem na primeira oportunidade.

Ao retornarem ao encontro do grupo, verificaram que havia se dispersado e cada um dos componentes encontrava-se em atividades diversas. Ramiro Neto, bastante envolvido pelas palavras do irmão, intentou localizar a moça entre os hóspedes.

Encontrou-a, após ligeira busca, entre os jardins de camélias amarelas, a flor favorita da jovem dama. Indeciso, coração agitando-se no peito, aproximou-se timidamente. Inquieto, ao perceber o alheamento em que Ana Cecília se mantinha, decidiu dizer qualquer coisa.

– Como estás, senhorita, posso ajudar em algo?

A suavidade do tom da voz fez Ana Cecília voltar-se para verificar de quem se tratava. Deparando os olhos azuis, ansiosos, do jovem à sua frente, deixou-se ficar surpreendida, recuperando-se dentro de segundos.

– Obrigada pela atenção, mas não estou precisando de nada, cavalheiro.

– Então posso fazer-te um pouco de companhia? – aventou o rapaz, preocupado em receber uma recusa.

– Decerto que sim, – concordou a aniversariante apenas para ser simpática – desde que não te incomodes de estar ao lado de alguém não tão bem-humorada!

– Oh, não me importo com isso! Quem sabe posso ajudar-te a recuperar o bom-humor. Não gostarias de caminhar um pouco?

Quis dizer não, no entanto, mesmo sem entender a razão, a moça concordou em acompanhá-lo num passeio pelo bosque, nas proximidades do castelo. Um pouco mais confiante em si próprio, Ramiro esforçava-se para ser uma companhia interessante.

– Quero agradecer-te a concessão deste passeio. Em meio a tantos admiradores, não imaginei desfrutar de um momento a sós com a senhorita.

– Estás a brincar, decerto. Tenho procurado dar a mesma atenção aos amigos que recebo em minha casa.

– Com certeza tens te revelado uma excelente anfitriã, mas estar aqui a teu lado, é realmente um privilégio.

– Como também o seria a tua companhia a outras moças aqui presentes.

Escolhendo as palavras, o rapaz tentava ganhar a confiança da moça.

– Ainda te lembras de tua última visita a casa de meus pais?

– Como haveria de esquecer, pois foi nessa ocasião que levei o meu primeiro e único tombo de cima de um cavalo.

– Que susto nos pregaste. Fui o primeiro a socorrer-te.

– Parecias tão assustado! – comentou Ana Cecília mais descontraída. – Pelo teu assombro pensavas que eu estava a morrer naquele momento.

Riram-se relembrando o acontecido de três anos atrás.

– Mudaste muito, desde então, Ramiro!

– É mesmo?... Mudei para melhor ou pior?

– Para melhor, é claro! Naquela época, parecias tão franzino que não te julguei capaz de carregar-me nos braços como o fizeste.

– As aparências enganam, senhorita. Todavia, tomar-te nos braços não foi a tarefa mais difícil do que as lidas diárias próprias da fazenda. Lembro-me da fúria de meu pai, culpando-me por indicar-te um animal arredio.

– Minha teimosia colocou-te em má situação até que eu pudesse explicar que dispensei a tua indicação de um animal muito dócil.

– Felizmente, nada de pior aconteceu contigo. Hoje estás aqui, linda como outrora, encantando a todos com esse teu jeito de menina-mulher.

Encabulada, Ana Cecília desculpou-se:

– Estas lembranças são maravilhosas, Ramiro, mas precisamos voltar, está escurecendo.

Sem se opor, o rapaz conduziu sua acompanhante de volta ao castelo mantendo animada conversação. À entrada, depararam com Juarez Botelho e Guilherme Torres que vieram ao encontro de ambos.

– Estávamos a tua procura, Ana Cecília! – comentou o mais velho, demonstrando sua contrariedade.

Demonstrando não perceber o tom petulante de Juarez, Ramiro intercedeu.

– Estivemos apreciando a beleza da tarde e passeando um pouco, enquanto conversávamos.

– Quanto egoísmo de tua parte, cavalheiro, privando-nos da companhia de nossa prestimosa anfitriã! – acrescentou Guilherme Torres, tentando ser divertido.

– Importas-te se roubar a companhia da moça, por instantes? – ironizou Juarez.

– De modo algum, contanto que possa recuperá-la em breve tempo.

– Parem com isso, rapazes! – atalhou Ana Cecília. – Estão deixando-me desconcertada diante dos demais convidados.

Prometendo logo estar de volta, a moça acompanhou Juarez para o interior do castelo. Procurando estar a sós, os jovens buscaram conversar no jardim, próximo ao salão principal.

– Juarez, se não te contiveres, logo as pessoas estarão comentando sobre nós!

– Eu não me importo, quero falar com teus pais antes que seja tarde!

– Impossível, já te expliquei.

– Achas que vou ficar de braços cruzados enquanto teus pais te jogam nos braços de outro homem?

– São apenas suposições tuas!

– O Marquês de Setúbal insinuou essa possibilidade, bem o ouviste.

– Eu sei, mas até agora nada foi dito a respeito. Procurarei falar com mamãe.

– E se for verdade?... Eu não suportarei esse golpe!

Buscando convencer a namorada sobre a veracidade de seus sentimentos, Juarez Botelho, acostumado às grandes jogadas, continuava a desempenhar o seu papel de homem desesperado ante a perda irreparável do único e grande amor de sua vida.

– Precisamos fazer alguma coisa, Ana Cecília. O nosso amor é grande demais para ser deixado de lado, sem nenhuma tentativa de se lutar por ele.

– Assossega, meu querido! Haveremos de encontrar uma forma de superar os nossos problemas.

Certo da real aflição da namorada e bastante conhecedor da fragilidade dos corações femininos, Juarez arriscou sua maior cartada:

– Ana Cecília, quero que me prometas! – E segurando o rosto da jovem com uma das mãos, acrescentou com os olhos fixos nos da pequena dama: – Se teus pais concederem tua mão em casamento a outra pessoa, proponho-te uma fuga.

– Fugir? – assustada a moça retrocedeu dois passos – fugir?... Não, isso não!

– Não pensei que fosses covarde!

– Não sou covarde, todavia não pretendo dar tamanho desgosto aos meus pais!

– Ótimo, então podemos dar o nosso caso por encerrado.

– Estás sendo cruel. Sabes que não posso vislumbrar uma solução adequada... assim... de imediato!

– Tudo bem, deixo-te a pensar, mas dize-me, aceitarias casar-te comigo, mesmo contra a vontade de teus pais?

Os olhos de Ana Cecília brilharam ante a proposta de casamento e abraçando-se ao rapaz concluiu, decidida:

– Oh, sim! Se não houver uma forma de convencê-los, casar-me-ei contigo custe o que custar!

Sentindo-se o vencedor da primeira investida decisiva, Juarez, com um beijo apaixonado, selou o acordo entre ambos.

O casal de enamorados retornou para junto dos outros amigos sem perceber que Maricá, a serva e amiga fiel de Ofélia, havia presenciado todo o diálogo entre ambos. Atônita, a mulher de rosto arredondado, olhos vivazes, correu para o interior da residência em busca da patroa.

Instantes depois, Ana Cecília comparecia ao aposento de seus pais atendendo ao chamado da genitora. Sem atentar sobre a natureza do assunto a ser tratado, a mocinha apresentou-se serena e sorridente.

– Cá estou, mãezinha, mandaste chamar-me?

Esfregando as mãos, fisionomia abatida, Ofélia caminhava de um lado a outro do quarto.

– Sim, querida, preciso falar-te um instante.

Pela primeira vez, preocupada com o que poderia ouvir, Ana Cecília colocou-se na defensiva.

– Pelo que percebo, pareces um tanto apreensiva. Aconteceu alguma coisa?

– Oh, não. Está tudo bem, contudo existe um assunto que venho protelando em razão do grande movimento na casa, todavia, agora o momento é oportuno.

– Quase a hora do jantar? Deixas-me curiosa, visto abandonares os teus afazeres por conta dos empregados para falar-me.

– Maricá está tomando todas as providências quanto a isso. Tu bem sabes o quanto ela é eficiente, portanto, podemos prosear sem nenhum problema.

– Pois então fala, já estou ficando nervosa com tuas andanças pelo quarto!

– Filha, tens perfeito conhecimento do amor que eu e teu pai temos por ti, e assim sendo, é natural que desejemos que tenhas um futuro promissor, digno de uma Oliveira.

Antevendo aonde Ofélia queria chegar, a mocinha continuou calada, apenas ouvindo.

– Daqui a dois dias, completarás dezesseis primaveras, momento em que nossos convidados te prestarão homenagem...

Ana Cecília continuou em silêncio, atenta às palavras da mãe.

– Bem, eu e teu pai gostaríamos de, na ocasião, oficializar teu compromisso com um dos membros de uma das famílias mais ilustres aqui presentes.

– Mamãe... compromissar-me... eu?

– Ana Cecília, estou a preocupar-me contigo. Tenho te observado nesses dias e não vejo com bons olhos a tua amizade com Juarez Botelho.

Ao ouvir a referência sobre o rapaz, a jovem argumentou.

– Ah, então é isso! Querem compromissar-me para deixar-me a salvo do tal moço.

– Não se trata disso. Talvez esse fato tenha antecipado um pouco os nossos planos. Na verdade, a nossa intenção era a de aproximar-te daquele a quem pretendemos ter por genro, de modo que pudesses ter a oportunidade de interessar-te por ele, naturalmente.

– Mas a presença de Juarez Botelho nesta casa lhes fez mudar de idéia, é isso?

– A simples presença desse rapaz, apesar de incômoda, não teria influenciado em nada não fosse a forma como se comporta em relação a ti.

– Mãe, eu queria que soubesses...

Antes que a jovem concluísse o pensamento, Ofélia interrompeu-a:

– Ouve primeiro o que tenho a dizer. Este rapaz, o Juarez, não é a pessoa certa para entrar em nossa família. Sua procedência familiar é das mais nobres, contudo não passa ele de um fanfarrão, um jogador desatinado, um enganador de mulheres.

– Nós nos amamos – gritou encolerizada a jovem.

– Pois terás que esquecê-lo. Jamais permitiremos tua união com esse irresponsável!

– Se não for com ele com quem me casarei, também não o será com mais ninguém.

Abrandando a tonalidade da voz, Ofélia tentava convencer a filha.

– Querida, estás na idade dos sonhos, em que paixão, ilusão, tudo se confunde na cabeça repleta de fantasias pueris. Ouve-nos, pois, que te amamos mais que a tudo que temos na vida. Não seríamos caprichosos a ponto de querer prejudicar-te. Juarez é um homem arruinado. És uma presa fácil e tentadora para ele.

– Ele me ama, mamãe, eu juro! – disse entre lágrimas.

Comovida, Ofélia abraçou-a sentando-se a seu lado no leito.

– Filha, estou certa de que acreditas nele, entretanto peço-te que confies em nós. Enxuga as lágrimas e vem sentar-te à mesa da família Toledo, junto a mim e a teu pai.

Compreendendo, num relance, quem poderia ser o seu prometido, Ana Cecília entregou-se ao pranto convulsivo.

– Ana Cecília, controla tua emoção, pois os convidados estão a nossa espera!

– Não tenho fome, nem estou com vontade de ver ninguém, prefiro ficar em meu quarto.

– E ofender os nossos amigos? Decerto que não agirás tão infantilmente!

Reconhecendo não haver outra alternativa, que não fosse a de acatar os conselhos maternos, a jovem prometeu descer tão logo estivesse recomposta.

Após o jantar, durante o qual Ana Cecília permanecera calada, limitando-se falar somente quando era solicitada, os convidados dirigiram-se para o pátio superior, externo, cercado por balaústres, onde Afonso gostava de reunir os amigos em noites de lua, para tocar o instrumento de cordas e cantar as canções favoritas.

Simpático e atencioso, Afonso Oliveira desdobrava-se para proporcionar aos amigos momentos de descontração e entretenimento. Apaixonado pela família, não pôde deixar de perceber a tristeza contida nos olhos úmidos de sua filha em meio a seus espectadores. Entregando o instrumento musical ao irmão Gaspar, também possuidor de dotes musicais, foi ao encontro de Ana Cecília. Tomando a jovem pelo braço, afastou-se para o lado oposto do terraço, onde pudessem conversar a sós. Sob a luz clara da lua, recostados sobre a balaustrada de pedra talhada, pai e filha, unidos pelo mais puro sentimento, iniciaram um franco diálogo.

– Querida, percebo-te tão triste quando o momento é de alegria e descontração.

– Eu e mamãe conversamos sobre a pretensão dos senhores em oficializarem o meu compromisso com um dos filhos da família Toledo.

– Não aprovas a idéia? – inquiriu Afonso, embora sabendo o posicionamento da jovem.

– Pensei que agiriam diferente comigo.

– Minha filha, és testemunha do quanto eu e tua mãe nos amamos. Construímos uma família feliz na qual reina o respeito baseado na compreensão e no carinho de cada um de nós. Eu e Ofélia casamos segundo as tradições de nossas famílias. Conhecemo-nos desde a infância e quando retornei da Espanha, onde concluí meus estudos, fui informado por meus pais de que lhes era agradável esta união. Acatamos ao pedido dos nossos pais e hoje sabes do resultado bastante positivo de tal decisão.

Abraçando-se ao pai, a mocinha deu vazão às lágrimas.

– Pai, reconheço o sentimento que nutres por mim. Tens sido um pai zeloso, dedicado, amigo e conselheiro, no entanto confesso faltarem-me forças para obedecer-te, aceitando um noivo, embora excelente pessoa, mas pelo qual não vejo a menor possibilidade de vir a amar.

– O amor, ao contrário do que muitos pensam, nasce da convivência diária, das lutas em comum, do reconhecimento dos valores e das fraquezas existentes, nasce da amizade natural que aos poucos se consolida, tornando-se grande, gigantesca, prenhe de venturas e realizações.

– Tu e mamãe são exceções. A grande maioria apenas encena uma convivência saudável, cuja realidade é bem outra, somente infelicidade.

– De onde tiraste tais idéias? Não vês os amigos que freqüentam nossa casa? Qual deles enquadrarias em tuas afirmações?

– Não sei, mas não quero me casar sem amor.

– Resolve pacificamente a questão. Esforça-te por amar a um Toledo e tudo se encaminhará a contento!

Impetuosa, tanto quanto Afonso, Ana Cecília resolveu expor suas razões.

– Embora os teus conselhos pareçam sensatos, há uma forte razão para refutá-los: amo outra pessoa, pai.

Experiente da vida e profundo conhecedor das tramas

humanas, Afonso logo percebeu sobre quem a filha tentava lhe falar.

– Referes-te a Juarez Botelho, aquele conquistador barato, cuja maior finalidade é encontrar um bom partido que lhe garanta o pagamento de suas dívidas de jogo e a manutenção de outros vícios?

– Estás sendo leviano, papai! Tuas afirmações baseiam-se em falatórios maldosos, sem nenhuma comprovação dos fatos.

– Não te supunha tão tola! Calar-me-ei por agora, mas em menos tempo do que possas imaginar verás cair por terra o teu ídolo de barro. No entanto, é bom saberes que a minha palavra é única e como já havia acordado com tua mãe, durante a realização do baile da festa de teu aniversário, será anunciado a público o nosso compromisso com a família Toledo.

Incisivo em suas colocações, o senhor Oliveira fitou o rosto da filha e concluiu, abrandando a entonação da voz:

– Um dia compreenderás as nossas preocupações para contigo. Se hoje abominas as nossas ações, vistas por ti como sendo intransigentes, amanhã terás uma outra visão sobre a vida e nos agradecerás por salvar-te de tamanho infortúnio!

Desencorajada a contra-argumentar as orientações paternas, a mocinha apenas deixou-se abraçar pelo genitor, sem mais nada dizer, guardando para si a revolta íntima, o gosto amargo de ver esvair-se por terra todos os sonhos dourados referentes ao seu amor impossível por Juarez. Abraçados, retornaram para junto dos convidados, retomando Afonso a atuação descontraída anterior, enquanto Ana Cecília permaneceu em silêncio, reflexiva.

A manhã seguinte surgiu radiante. Apesar do verão, os resquícios da primavera ainda embelezavam a natureza cheia de viço, estimulante ao passeio a cavalo programado pelo dono da casa. O movimento no castelo iniciou cedo em razão dos preparativos para a cavalgada. No estábulo, os empregados separavam os animais mais dóceis para serem destinados às mulheres dispostas à aventura.

Num clima de agitação e alegria, os participantes partiram pelos verdes pastos, preferindo alguns seguirem nas charretes de pequeno porte, não se arriscando a montarem nos animais fogosos, acostumados à agilidade de seus condutores.

A senhora Oliveira, extremamente preocupada com os preparativos para festa da noite seguinte, preferiu permanecer na casa orientando os empregados. Envolvida na preparação dos arranjos que fariam parte da decoração do salão, no qual se daria o ponto culminante da semana festiva, não percebeu a aproximação de alguém às suas costas. Sentindo-se abraçar por braços vigorosos, tentou desvencilhar-se, assustada.

– Deixa-me, por favor!

– Acalma-te, bela senhora. Não pretendo machucar-te!

Reconhecendo a voz insolente de seu cunhado, tornou-se lívida.

– Não me toques, o senhor já ultrapassou todos os limites de minha tolerância!

– Tratas-me com muita formalidade, minha querida! Por que não voltas a ser como outrora, dócil, carinhosa... – Enquanto falava, Gaspar tomou nas mãos uma madeixa dos cabelos de Ofélia, acariciando-a.

– Por Deus, Gaspar. Quero que me deixes em paz! E pensar que um dia te julguei tão diferente do que és...

– Isso... gosto que te refiras ao passado. Lembra-te, no entanto, de que contínuo a ser o mesmo homem apaixonado de outrora, e um homem cego de amor é capaz de cometer muitas loucuras. Portanto, leva-me a sério, senhora. Estou disposto a tudo para reconquistar o teu coração.

Nitidamente alcoolizado, olhos injetados, Gaspar tentava acuar sua presa. Percebendo-lhe o estado insano, Ofélia acautelou-se.

– É preciso que retomes a razão, senhor. São passados quase vinte anos após o nosso último encontro. Éramos quase crianças, nossas lembranças perderam-se em meio ao caminho percorrido e hoje nada mais significam em nossas vidas.

– Enganas-te quando assim afirmas. Esse amor que queima em minhas veias, levando-me a perda da razão, não acredito que te seja tão indiferente!

– Gaspar, já não somos as mesmas pessoas de antes. Nós crescemos, amadurecemos e tomamos rumos distintos. Compreende isso!

– Nunca, Ofélia, nunca! Tu és a única culpada pela nossa separação.

– Nomearmos um culpado pelo que aconteceu não trará o passado de volta. O fato é que estou casada com o teu irmão, a quem amo de todo coração e que não merece a tua falta de respeito.

– Podes até ter razão quanto a isso, mas ninguém na terra precisa tanto de ti quanto eu...

Gaspar, mal contendo os anseios há muito reprimidos no peito, arfava pesadamente. Incontrolável, tentava aproximar-se da esposa do seu irmão enquanto esta, habilmente, mantinha-o afastado. A chegada de um servo pôs fim à conturbada situação, aproveitando Ofélia para retirar-se do recinto.

Longe de imaginar o que se passava em sua ausência, Afonso conduzia os amigos para os pontos mais interessantes da propriedade. Um pouco mais atrás do primeiro grupo de pessoas, Ana Cecília seguira a mesma trilha ladeada pela prima Maria Ângela, sua grande confidente, e a amiga Sara Torres.

Circunspecta, não denotava o mesmo prazer, visível nas suas acompanhantes. Nos seus pensamentos só havia lugar para o namorado proscrito por sua família. Não obstante a conversa descontraída de suas acompanhantes, continuava alheia, buscando localizar com os olhos a figura de Juarez.

Ramiro Neto e Guilherme Torres aproximaram-se das moças, passando a fazer parte do grupo. Ao contrário da recepção alegre das companheiras à chegada dos rapazes, Ana Cecília mostrou-se amável, sem, contudo, alterar a conduta indiferente e reflexiva. Ligeira angústia oprimia-lhe o peito. Seu único desejo era o de estar ao lado do homem que julgava ser o grande amor de sua vida, falar-lhe dos seus sentimentos, fazer-lhe juras de amor, enfim, vivenciar cada minuto daquele dia como se fosse o último de sua existência, pois a partir de então nada poderia ser como antes, visto a iminente perda da liberdade em razão do compromisso a ser assumido.

A chegada ao pequeno lago renovou a disposição dos jovens em busca de aventuras. Algumas pessoas aguardavam à margem o momento adequado para se posicionarem nos barcos disponíveis a um passeio diferente e reconfortante.

Auxiliada por Ramiro, Ana Cecília desmontou do animal, desculpando-se com os companheiros para sair em busca de alguém que preferiu não identificar o nome. Finalmente, avistou Juarez quando se afastava solitário, caminhando em volta do lago de águas serenas, formando um espelho gigante, no qual refletia o azul do céu, como também o verde da farta vegetação nas proximidades. Quase a correr, a senhorita Oliveira aproximou-se do rapaz.

– Juarez, espera um momento.

Voltando-se, Juarez não disfarçou um sorriso irônico.

– Estou a ver miragens, ou será mesmo a senhorita Oliveira quem me dirige a palavra?

– Não há tempo para ironias, meu querido, estou aflita!

– Posso imaginar! O que houve, a corte dos outros rapazes já não te interessa mais?

– Pára com isso! Não vês que agindo dessa forma fazes aumentar as minhas angústias?

Segurando os ombros da moça, Juarez suavizou sua atitude.

– Desculpa, querida, estou morrendo de ciúmes desses... oportunistas sempre à tua volta.

– Tolo, somente tu ocupas o meu coração e tomas por inteiro os meus pensamentos.

– Cecília, não suporto imaginar-te noiva de outro homem. Dize-me quem é o rival a provocar-me tamanho infortúnio!

– Isso não importa, no momento. Que diferença poderá fazer quem seja? Quero apenas encontrar uma alternativa para nós.

– Tu sabes o que devemos fazer. A fuga é a nossa única saída.

– Cala-te, podem nos ouvir! Aconteça o que acontecer, aguarda contato meu. Eu te amo, quero que não esqueças disso!

– Queria poder abraçar-te. Enlouqueço só de pensar em te perder.

– Nunca! Confia em mim! Agora preciso voltar para junto dos outros, pois não pretendo levantar suspeitas sobre nós. Até mais ver, meu querido!

A fisionomia contraída do rapaz dava a perceber profunda contrariedade. Pela primeira vez, sentia-se abalado ante a frustração dos seus planos de conquista junto à Ana Cecília. Algo além do simples interesse financeiro o incomodava realmente. Estaria de fato apaixonado pela jovem? Não saberia afirmar, contudo, uma raiva incontida tomava-lhe o peito ao imaginá-la fora de seu alcance.

O sol, indiferente aos mais diversos e conturbados sentimentos, amistosamente derramava-se sobre a relva orvalhada. Os excursionistas, embora maravilhados com a beleza da manhã e satisfeitos com o aproveitamento dos passeios oferecidos, retornaram ao castelo famintos e exaustos.

Finalmente, o dia em que a jovem Ana Cecília completaria as suas dezesseis primaveras chegou. Mal dormira durante a noite ante a expectativa do desenrolar dos acontecimentos. A ansiedade anterior promovida pelo doce encantamento de alimentar os sonhos revestidos de fantasias pueris, nutrindo a alma com as doces ilusões de um momento mágico criado somente para si, transformara-se agora num padecer lento, a consumir-lhe o ânimo, a esperança. Pensava no seu desventurado amor, como também procurava imaginar a reação de Ramiro Neto, ou de Pablo, pois não tinha certeza qual dos dois seria o seu pretendido noivo, ante uma recusa sua.

A primeira hora da manhã já estava de pé não mais conseguindo permanecer no quarto. Dirigiu-se à cozinha onde Maricá preparava o desjejum juntamente com outros empregados. Admirada pela presença da jovem, em horário jamais visto anteriormente, indagou cismada:

– O que houve, menina, por que não estás a descansar como os outros?

– Perdi o sono. Gostaria de tomar um de teus chás calmantes... não me sinto muito bem.

– Oh, minha querida! – exclamou Maricá, enlaçando-a pela cintura. – Logo no dia de teu aniversário vens a queixar da saúde! Senta aqui, vou preparar-te alguma coisa e logo estarás bem novamente!

Deixando-se conduzir pela serva, Ana Cecília aguardou pacientemente a bebida fumegante a ser-lhe servida minutos depois. Retornando ao quarto, em seguida, dirigiu-se à janela pondo-se a observar o raiar da nova aurora, sem no entanto, sentir-se renovar pelos prenúncios trazidos pelo dia que acabara de nascer.

Quanto tempo ficou ali, parada, olhar fixo, respiração irregular, até que fosse obrigada a sair da abstração em que se detinha para abrir a porta após ouvir leves toques, não saberia precisar exatamente, mas seu rosto iluminou-se num sorriso ao deparar-se com a figura marota de sua prima Maria Ângela.

– Por Deus, Maria Ângela! O que fazes aqui tão cedo da manhã?

– Bom dia, querida! Vim desejar-te os meus melhores votos pelo dia de hoje.

Sentando, as duas, no leito de Ana Cecília, iniciaram a trocar confidências como faziam desde a infância.

– Estou aflita, Maria Ângela! Há um desconforto em meu estômago, um misto de dor e agonia, não sei explicar.

– É a ação do sistema nervoso, sua boba! Deves estar muito ansiosa pelos acontecimentos de hoje.

– Estou tão infeliz. Gostaria que este dia não existisse em minha vida! – disse entre lágrimas.

– Não fales assim, Ana Cecília. Nem tudo está perdido! Terás uma festa linda, repleta de amigos que te admiram muito, cercada por teus pais e por outros familiares dispostos a tudo para te verem feliz.

– Desculpa, se te pareço ingrata, mas não ignoras o drama que estou passando no momento.

– Por causa do Juarez?

– Também. Como quererias que me sentisse se amo Juarez e estarei a me compromissar com um outro que mal conheço!

Mesmo compreendendo o conflito de sua prima, Maria Ângela não disfarçou a inocente curiosidade sobre o futuro de Ana Cecília.

– Já sabes se será Pablo ou Ramiro? Tomara que seja Ramiro, acho-o tão sério, tão compenetrado... tem um olhar fascinante!

– Nossa, que entusiasmo! Poderias tu livrar-me dessa situação, incumbindo-te de roubar-lhe o coração!

– Como eu gostaria, juro, mas e se for o Pablo?

– Bobagens! Somos duas grandes tolas a falar sobre algo a se concretizar em questão de horas, independente de quem seja o noivo. Entretanto, uma coisa eu te digo – os olhos de Ana Cecília brilhavam ameaçadores – não vou aceitar tudo de braços cruzados. Não desistirei do amor de Juarez. Quero que digas isso a ele na primeira oportunidade que tiveres, prometes?

Temerosa, Maria Ângela concordou alertando a prima, em seguida.

– Farei o que me pedes sob duas condições: que não agirás impensadamente e nem te anteciparás a tomar qualquer atitude sem antes falares comigo. Eu tenho receio de que meus tios possam estar certos em relação ao senhor Botelho.

– O que queres dizer com estas últimas palavras? – inquiriu Ana Cecília, com cismas.

– Assossega, estou apenas preocupada contigo... quais experiências tens da vida para saberes o que é melhor para ti?

– Não me digas que estás do lado de meus pais!

– Não estou do lado de ninguém. Quero, no entanto, a tua felicidade e temo por cometeres uma grande tolice, o que viria a comprometer o bem-estar de todos, principalmente o teu.

– Quanto a isso não te preocupes. Não serei precipitada em minhas ações, além do que não sei esconder nada de ti.

– Então, muda o ânimo. Todos os que aqui estão desejam ver-te alegre e cheia de vida. Embora tuas apreensões, deves demonstrar otimismo junto aos convidados. Quanto ao noivado, lembra-te de que casamento se desfaz a qualquer tempo, que dirá um noivado a estender-se, sabe-se lá, por meses a fio!

Reanimada pela prima e mais confiante num amanhã promissor, ambas deixaram o quarto, indo ao encontro dos amigos e familiares.

Capítulo III

O ASSÉDIO DE GASPAR

A antiga residência senhorial iluminava-se por lampiões espalhados pelos cômodos, esmeradamente preparados para a ocasião festiva. Castiçais, lustres de parede, de teto, à semelhança das procissões cujos numerosos fiéis carregam pequena chama, tremeluzente, dispunham-se ativos, em locais estratégicos, para que nada ficasse às escuras.

No salão preparado para o baile, os músicos ensaiavam os primeiros acordes enquanto os convidados começavam a chegar ocupando as mesas disponíveis em volta do espaço destinado aos pares que acompanhariam a grande valsa.

Além dos hóspedes, outros convidados, moradores da cidade de Setúbal, eram recebidos pelo simpático casal e a filha aniversariante. Ana Cecília, trajando vestido azul-claro, acinturado, desenhando-se sobre inúmeras armações de hastes flexíveis, cujo discreto decote destacava o colo perfeito, trazia as faces rosadas em virtude da forte emoção a que se submetia.

Transcorridos os momentos iniciais, os visitantes se dirigiram ao salão de festas repleto de pessoas ilustres. Na sala contígua, a extensa mesa expunha bandejas contendo manjares diversos e farta variedade de bebidas e sucos. Ofélia, cabelos presos no alto da cabeça, de onde escapavam algumas madeixas pendendo sobre a veste lilás, suavemente, cuidava para que o trabalho empenhado de tantos meses alcançasse o êxito almejado. O senhor Oliveira, orgulhoso e descontraído, esmerava-se nas atenções aos convivas, havendo no desempenho de cada membro da família a participação efetiva para garantir a satisfação dos participantes.

A família Toledo reunia-se em torno de uma mesa localizada no lado oposto ao lugar de onde Juarez Botelho tentava acompanhar todos os acontecimentos, introspectivo, infeliz.

Ramiro Neto, apreensivo, mal disfarçava o nervosismo tamborilando os dedos sobre a mesa. Após ingerir o terceiro aperitivo, este último oferecido pelo próprio dono da casa, sentia leve torpor a percorrer-lhe o corpo. Buscou Ana Cecília com o olhar, mas esta fugia a uma aproximação, empenhada em dividir sua atenção com os demais convidados.

O baile foi iniciado por Afonso e Ana Cecília sob os olhares deslumbrados de todos os presentes. Ofélia suspirava de contentamento, esquecendo, por instantes, a presença importuna do cunhado a espreitar-lhe os passos. A convite do Marquês de Setúbal, predispôs-se a dançar junto a outros pares que, aos poucos, completavam o salão. A cada intervalo, entre a execução de uma valsa e outra, alguns casais permutavam os parceiros de dança. Aproveitando a oportunidade, Gaspar tomou Ofélia entre os braços antes que esta pudesse recusá-lo.

– Estás deslumbrante! Não imaginas o quanto invejo o meu irmão.

– Gostaria de apelar para o teu bom senso – pediu Ofélia com frieza. Pelo menos por agora, poupa-me de tua insanidade. Não sei por que insistes em me fazeres a corte, visto saberes em nada adiantar os teus dizeres.

– Não me ouses desafiar, Ofélia. Posso, num único instante, fazer cair por terra tudo o que construístes até hoje, e se tal não quiseres que aconteça, peço compareceres ao meu aposento amanhã, à noite, quando todos estiverem adormecidos.

Sentindo-se afrontada, a senhora Oliveira negou-se a ceder ao pedido.

– Deves estar variando, acredito. Não supus que tua hediondez chegasse a tanto! Caso não modifiques a tua postura, ver-me-ei obrigada a relatar os fatos ao Afonso.

Sem se deixar intimidar pelos dizeres de sua parceira, Gaspar sorriu com ironia.

– Embora minha proposta te pareça um insulto à tua moral ilibada, esclareço que nada deves temer de minha parte. Saberei comportar-me como um perfeito cavalheiro. Todavia, se insistires em não atender ao meu convite, aceitarei que Afonso compareça em teu lugar e mostrarei a ele o que deveria trazer ao teu conhecimento em primeiro lugar.

– O que ainda terias a me dizer além das ações insanas dos últimos dias? – indagou temerosa.

– Saberás quando fores ao meu encontro, caso contrário, haverás de arrepender-te amargamente pela falta de confiança em minha pessoa.

Pressentindo algo terrível nas palavras de Gaspar, Ofélia concordou em submeter-se à sua vontade, temendo pela harmonia de sua família.

A pedido de Afonso, os músicos silenciaram e a voz do senhor Oliveira fez-se ouvir por todos os presentes. O coração de Ana Cecília pulsava forte no peito. O discurso breve, enaltecendo a presença dos amigos, direcionou-se a homenagear a aniversariante para depois finalizar com o anúncio do acordo firmado entre as famílias Toledo e Oliveira ante ao compromisso de seus filhos Ramiro Neto e Ana Cecília. Após o pronunciamento de Afonso, uma salva de palmas ecoou por todo o salão. Dom Ramiro abraçou o filho, em seguida, beijou as faces afogueadas de Ana Cecília, abrindo o momento para os cumprimentos das pessoas ali presentes.

Decorrido o tempo para as congratulações aos noivos, o baile recomeçou, desta vez, tendo como a principal atração o jovem casal, ainda sob o impacto dos últimos acontecimentos.

Imaginando os possíveis conflitos íntimos de sua parceira, Ramiro Neto tencionava falar-lhe, todavia, ante a expressão enigmática da moça, não conseguia articular qualquer palavra. Mãos trêmulas, pensamentos em desalinho, coração saltitante, o filho mais velho da família Toledo parecia uma criança, prestes a sucumbir mediante a primeira grande aventura de sua vida. Percebendo a fragilidade do rapaz, Ana Cecília resolveu aproveitar-se da situação.

– Sabes de minha opinião sobre as atitudes dos nossos pais.

– Por certo deves estar muito infeliz. Quisera poder evitar as tuas amarguras!

– Quero que compreendas que nada tenho contra ti. Reconheço estar à frente de um homem de caráter, mas que temo não poder fazer feliz.

– Nada quero te exigir, Ana Cecília, e prometo tudo fazer para merecer qualquer afeição tua. No entanto, estejas certa de que se depois de algum tempo viermos a perceber que esta união será sempre um estorvo para ti, falarei com os teus pais para pormos fim a esse compromisso.

Suspirando aliviada, Ana Cecília sorriu, embora soubesse que seu pai jamais concordaria com o término de seu noivado. Ainda assim, saber que Ramiro não seria um noivo intransigente já a satisfazia sobremaneira. Comovida, expressou-se com sinceridade.

– Eu sabia que poderia contar com a tua sensatez. Juro que se eu pudesse comandar o meu coração, tu, por certo, haveria de ser o escolhido para merecer todo o afeto possível a um ser humano desfrutar na terra. Estou muito grata por tuas palavras, Ramiro, e se não posso, no momento, amar-te como deveria, tenho-te no mais alto apreço e consideração, valendo-me disso para considerar a ti e aos teus como a extensão de minha própria família, a qual amo acima de tudo.

Ao final da valsa, um leve toque no ombro do rapaz fê-lo voltar-se a defrontar com a figura pouco amigável de Juarez Botelho.

– Congratulo-me com a felicidade de ambos – expressou-se o recém-chegado. E apertando a mão que Ramiro lhe estendera, acrescentou: – Podes conceder-me a próxima valsa junto a mais bela noiva que conheci até hoje?

Disfarçando a contrariedade, Ramiro Neto concordou, retirando-se em seguida.

Enlaçada pelos braços do homem a quem amava, Ana Cecília deixava-se levar pelos acordes musicais, olhos fechados, expressão sonhadora, um sorriso doce nos lábios.

– Foi um erro haver permanecido em tua casa. Tua felicidade macera minha alma, qual ferro em brasa em contato com a pele, deixando marcas profundas para todo e sempre.

– Tolo, se me vês feliz é porque estou em teus braços, ouvindo a tua voz e também pela ocasião de poder falar do meu amor por ti.

– És cruel, Ana Cecília. Acaso ignoras a gravidade desta situação? Não mais poderei aproximar-me de ti como antes. A partir de agora, deves consideração a Ramiro, cessando aqui tua liberdade de mulher livre e descompromissada.

– Este compromisso nada significa para mim. Não há data marcada para o casamento... e assim teremos o tempo necessário para solucionar os nossos problemas.

– Bem se vê quanto és ingênua! Ana Cecília, acabaste de ficar noiva! A nova condição te impõe posturas muito diferentes das que tinhas até o momento. Não é uma brincadeira como possas estar a pensar. Isso é sério, muito sério. Portanto, volto a te dizer: fujamos para longe daqui, para um lugar seguro, onde possamos vivenciar a grandeza do nosso amor.

Pressionada pelo rapaz e sem condições de apresentar uma alternativa mais eficaz, a moça concordou, procurando tranqüilizá-lo.

– Está bem, meu amor, mas por ora, acalma-te. Necessitamos colocar a cabeça em ordem, nada de precipitações. Precisamos nos separar agora, amanhã daremos um jeito para conversarmos.

Juarez afastou-se sem estar convencido das palavras da moça. Tinha consciência do quanto seria difícil para a moça submeter-se ao seu pedido. A educação austera, o amor à família... seria quase impossível convencê-la. Talvez o melhor fosse deixá-la seguir o próprio destino, o fracasso parecia-lhe iminente, restando, contudo, a possibilidade de sair em busca de um novo partido.

Foi com essa predisposição que amanheceu o dia seguinte saindo a cavalgar. Alguns hóspedes faziam o desjejum, enquanto outros caminhavam pelo bosque ou desempenhavam outra atividade qualquer. Maria Ângela, no jardim interno, maravilhava-se com a cor das borboletas azuis, pousadas sobre as flores. Enternecida, a mocinha observava-as mais de perto, deslumbrando-se com o abrir e fechar de asas das pequenas criaturas. Absorvida, assustou-se com a voz de Ramiro Neto às suas costas desejando-lhe bom dia.

– Desculpa se te assustei, senhorita Maria Ângela! Já refeita do susto, a jovem sorriu expansiva, demonstrando imensa alegria ante a atenção do rapaz.

– Não foi nada, eu só estava um pouco distraída. E então, como passaste o resto da noite?

– A exaustão dominou-me por completo, e só agora, quase às nove, consegui deixar o leito. E Ana Cecília, sabes se já está acordada?

– Minha prima não costuma levantar-se antes das onze, portanto, deves aquietar-te e esperar pacientemente.

– Então aproveitemos para dar um passeio, assim começo a sentir-me realmente parte da família.

Oferecendo-lhe o braço, Maria Ângela acompanhou-o sentindo grande satisfação íntima. Olhos graúdos, castanhos, irradiavam um brilho de encantamento, enquanto os longos cabelos escuros pareciam brincar a mercê da brisa suave, dando-lhe a aparência de uma ninfa saída das páginas de uma história romântica. Extremamente simples e sincera, a jovem procurava descontrair o seu acompanhante, deixando ao encargo deste a condução dos assuntos a serem discutidos.

Ao retornarem à casa dos Oliveira, no caminho, à pequena distância, depararam com Juarez Botelho sentado à sombra de um carvalho a beijar a jovem Letícia Barroso, filha de ilustre família lusitana. Desconcertada, Maria Ângela baixou os olhos buscando não chamar atenção do casal. Ramiro Neto, imitando-lhe a discrição, seguiu-se em silêncio até as proximidades da entrada da casa.

Passando o momento de surpresa, Maria Ângela, tomada por incontida indignação, pensou em retornar ao local onde se encontrava Juarez para fazê-lo sabedor do seu testemunho ocular do ato tão leviano, mas em respeito a Ramiro Neto, conteve o impulso sem nada comentar com o amigo. Despedindo-se de seu acompanhante, penetrou na casa, direcionando-se ao aposento da prima. O quarto estava vazio, mas através da janela vislumbrou a silhueta graciosa de Ana Cecília em meio aos amigos, entre os caramanchões floridos. Ramiro Neto aproximou-se nesse momento, juntando-se ao pequeno grupo.

Observando-os, um misto de pesar e tristeza invadiu o peito de Maria Ângela. Amava a prima, com quem convivera desde o nascimento, e desejava vê-la bem. Reconhecia em Ramiro o rapaz ideal para fazê-la feliz, ao contrário de Juarez, que só poderia trazer-lhe amargas desventuras. Dois meses mais jovem que a outra, tinha um temperamento dócil, equilibrado, e o seu bom senso provocava admiração nos mais velhos. Os pais, comerciantes bem sucedidos, representantes e exportadores dos melhores vinhos da cidade, orgulhavam-se de sua conduta gentil e prestativa.

Indecisa quanto a relatar à Ana Cecília a ocorrência entre Juarez e Letícia, resolveu chamar a prima por meio do assovio agudo, utilizado por ambas desde a infância. Ao identificar o som, quase imperceptível às outras pessoas, Ana Cecília aguçou a audição. Novo chamado, e a jovem anfitriã desculpou-se com os amigos adentrando a casa.

Encontrou Maria Ângela sentada no leito aguardando em silêncio. Conhecendo a outra tão bem quanto a si mesma, Ana Cecília foi direto ao assunto.

– O que tens a me dizer? Pareces preocupada!

Temendo a reação da prima, a mocinha vacilava.

– Acho que não é hora para aborrecer-te... com bobagens.

– Maria Ângela, tu não me chamarias para vir até aqui para dizer-me isso! Vamos, do que se trata?

– Bem... hoje cedo, enquanto dormias, saí a passear com Ramiro Neto.

Soltando um sorriso malicioso, Ana Cecília inquiriu curiosa:

– Estás mesmo a querer ajudar-me!

– Nem penses uma coisa dessas. Ramiro é um rapaz nobre e não merece ser tratado levianamente.

– Vejam só, estás encantada com ele. Bem podias conquistá-lo, verdadeiramente.

– Somente tu não percebes que ele só tem olhos para ti e lamento profundamente não corresponderes aos seus sentimentos.

– Sabes das minhas razões, mas até agora nada me disseste sobre o teu chamado.

– É sobre o Juarez. Vi-o quase a pouco.

– Falaste com ele? O que conversaram?

– Não conversamos.

– Não? Então o que há de tão importante para dizer?

Tomada por grande ansiedade em face do comportamento indeciso de Maria Ângela, Ana Cecília insistia em perguntar.

– Dize-me, pois, o que estás a me esconder? Por pior que seja eu quero saber!

– Vi-o com Letícia. – disse temerosa – Estavam beijando-se no bosque.

– Tens certeza? – falou, abrindo demasiadamente os olhos, como a não acreditar no que ouvia.

– Eu os vi claramente. Ramiro estava junto a mim nesse momento.

– E ele, como reagiu a tua presença e a de Ramiro?

– Tanto ele, quanto Letícia não perceberam nada. Estavam tão... envolvidos que sequer imaginaram estarem sendo observados por nós.

– Canalha – vociferou Ana Cecília, de punhos cerrados – mil vezes canalha! Vou falar-lhe agora mesmo.

Enciumada, a senhorita Oliveira caminhava pelo quarto tentando acalmar-se. Atemorizada, Maria Ângela procurava ajudá-la a raciocinar com prudência.

– Sei o quanto estás te sentindo perturbada por essa revelação. Talvez não devesse te haver relatado neste momento, mas não queria que estivesses a te enganar por ele.

– Fizeste bem! Ah, que ódio me incendeia a alma! Quisera poder matá-lo com as minhas próprias mãos!

– Virgem Santíssima, estás a perder o controle, minha querida! Vou lá embaixo buscar-te um copo d'água.

– Não será necessário! – murmurou suspirando profundamente. – Em alguns minutos estarei bem novamente. Vejamos... vejamos o que fazer!

Mãos nos lábios, andando de um lado a outro, Ana Cecília atiçada pela mágoa e despeito buscava meios de uma desforra contra o responsável por sua dor. Após alguns minutos, que para Maria Ângela pareceram séculos, finalmente propôs decidida.

– Nada farei, por enquanto. Ele não deve desconfiar do que sabemos a seu respeito. Façamos de conta de que está tudo bem, concordas?

– Não sei se terei coragem de olhá-lo nos olhos!

– Terás sim, farás isso por mim. Depois pensarei numa forma de vingar-me dele. Ele não perde por esperar!

– Ana Cecília, esquece tudo o que diga respeito ao Juarez. A vingança não te levará a lugar algum. Além disso, estás a esquecer de que estamos tratando de um homem vivido, isso pode ser perigoso.

– Esquecer? Nunca! Ninguém há de querer tirar proveito de mim sem sofrer as devidas conseqüências.

– Nada poderás fazer contra Juarez. É homem inconseqüente, enquanto tu tens um nome a zelar.

– Pois me vingarei, Maria Ângela. Ainda não sei como. Todavia, Juarez há de ingerir o mesmo cálice amargo que sorvo neste momento.

Controlando as lágrimas prestes a cair, Ana Cecília deixou o aposento em companhia de Maria Ângela. Orgulhosa e altiva, mordia os lábios disfarçadamente para não dar a perceber aos amigos, o fogo ardente a devorar-lhe as entranhas. Ao lado de Ramiro Neto, sempre atencioso e gentil, maquinava incansavelmente uma forma de atingir Juarez. Vendo-o aproximar-se ao lado de Letícia, esboçou-lhe um sorriso, pondo em prática o combinado com a prima.

Ignorando os sentimentos conturbados da ex-namorada,

o senhor Botelho endereçou-lhe um olhar apaixonado, fazendo um sinal com a cabeça para ir ao seu encontro, afastando-se em seguida. Minutos depois, Ana Cecília foi procurá-lo no jardim, no lugar habitual dos seus encontros furtivos.

– Demoraste! – falou o rapaz em voz baixa.

– Vim o mais rápido que pude – respondeu Ana Cecília, contendo o impulso de esbofeteá-lo. – Não posso me demorar, portanto, fala logo o que desejas.

– O que houve, pareces-me impaciente!

– Bem sabes que não poderíamos estar aqui a conversar, alguém pode nos ver!

– Meu amor, amanhã será o nosso último dia em tua casa, o que muito dificultará um encontro entre nós. Precisamos, pois, combinar nossa fuga.

– Decerto que estás ansioso, como eu também mal posso esperar por esse dia. Encontro-te domingo na igreja. Eu e Maria Ângela iremos ter contigo.

– Daqui a cinco dias? Esse tempo me parecerá um século!

– É o mínimo que podemos ter no momento. Vai agora, pois a cada minuto aqui é um perigo iminente.

Afastaram-se, ambos, movidos por controversos sentimentos. Ana Cecília voltou a juntar-se aos amigos, no átrio externo do castelo, enquanto Juarez dirigiu-se para o interior do mesmo, antegozando a vitória sobre o orgulhoso senhor, seu futuro sogro.

Após a festa da noite anterior, alguns hóspedes deixaram a casa da família Oliveira para retornarem aos seus lares. Só os mais íntimos ainda permaneceriam por mais um dia, entre eles a família Toledo. Anastácia simpatizava com a futura nora e procurava ganhar a confiança da jovenzinha mostrando-se simpática e gentil. Seu olhar melancólico, por vezes, atraía a atenção da moça que se enchia de ternura e estima pela boa senhora.

Os reduzidos momentos ainda lhe permitiram ocasiões de descontração, passeando no pomar, tomando chá na cozinha enquanto deglutiam os deliciosos biscoitos preparados por Maricá, em agradáveis prosas junto aos jardins cultivados por Ofélia.

Um afeto inexplicável unia Ana Cecília àquela senhora distinta, cuja fisionomia lhe parecia tão familiar. Lamentava não poder amar-lhe o filho e dessa forma estreitarem os laços da amizade estabelecida entre ambas. Enquanto Anastácia despertava os mais doces sentimentos no coração da moça, a figura de Dom Ramiro a intimidava, embora a tratasse com cordialidade e apreço. O carinho que a jovem sentia por Ramiro Neto não era suficiente para fazê-la sonhar com o casamento, visto que para tanto seria necessário sentir o fogo da paixão a abrasar-lhe por inteiro, empanando-lhe o raciocínio, subjugando-lhe a razão, tal como sucedera com Juarez Botelho. Pablo a descontraía com a sua expansividade, restando-lhe conhecer o filho caçula da família, que por razões adversas não pudera estar presente às festividades. Não fosse o seu temperamento obstinado e rebelde, por certo tudo estaria favorável ao acordo estabelecido entre as duas famílias.

A noite chegou ensejando novas oportunidades de reencontro entre amigos. O chá quentinho, o vinho, o jogo de dados, tudo era um convite para mais alguns minutos de prazer. Ofélia, ao lado do marido, evitava o olhar insistente de Gaspar, enquanto o assunto versava sobre interessantes caçadas empreendidas por alguns dos presentes. O avançado das horas estimulava o repouso, embora o envolvimento amigável a que todos estavam submetidos.

Ofélia, solícita como o habitual, dispunha-se a atender às necessidades dos amigos. Após verificar que tudo estava em ordem, dirigiu-se a seu aposento. No caminho, foi abordada por Gaspar de Oliveira que, em silêncio, entregou-lhe pequeno papel dobrado contendo minúscula mensagem: "Espero-te hoje, sem falta. A porta estará destrancada. Se não vieres, amanhã poderá ser tarde demais!".

Indignada, a senhora Oliveira amassou o papel entre os dedos, respirando fundo para controlar o acesso de raiva provocado pelo que acabara de ler. Voltando a dobrar o bilhete, intentando queimá-lo na primeira oportunidade, adentrou o quarto no qual Afonso, vencido pela exaustão, adormecera profundamente. Ofélia, indecisa quanto a atender ao chamado de Gaspar, fitava o rosto do marido sob a luz fraca produzida pela vela prestes a esgotar-se definitivamente, sentindo o coração apertar-se. Aflita e consciente de que o cunhado poderia cumprir as ameaças formuladas, decidiu ir ao seu encontro.

Parada à frente da porta do quarto de Gaspar, a senhora vacilava em entrar. Se não cumprisse o que lhe fora pedido, ou melhor, quase ordenado, as conseqüências poderiam ser desastrosas. Afonso, apesar de bom e muito justo, jamais admitiria desconhecer determinadas verdades sobre a vida passada de sua própria mulher. Aturdida, ante essa possibilidade, Ofélia girou a maçaneta, suavemente, pedindo a Deus encontrar o cunhado entregue ao mundo dos sonhos. Adentrando o ambiente mal iluminado, verificou que a cama estava vazia. Em pé, do outro lado do aposento, recostado na parede, olhar ansioso, Gaspar aguardava em silêncio. Movendo-se, a custo manteve o equilíbrio dos passos, por vezes, descoordenados.

– Tive receio de que não viesses – a voz pesada, lenta, denotava o alto grau de embriaguez em que se encontrava.

– Gaspar, tu não estás bem! Deves descansar agora. Se quiseres, faço-te um chá.

– Não te preocupes, minha senhora. Apesar da aparência decadente, afirmo-te de que melhor eu não poderia estar.

– Eu estou muito cansada, gostaria de recolher-me ao meu aposento.

– Por certo deverás ir, todavia, não antes de tomares conhecimento do que tenho ali – disse, apontando para um cavalete recoberto por alvo lençol – Somente após mostrar-te esta minha obra, deixar-te-ei livre. Portanto, vai até lá e retira o pano que a reveste.

Confusa, por não compreender a atitude de Gaspar, Ofélia, cuidadosamente, suspendeu o lençol que envolvia o quadro pintado a óleo, deixando-o a descoberto.

O painel exibia o retrato de um jovem de tez clara, cabelos dourados, olhos azuis, cuja fisionomia em muito se assemelhava ao da senhora ali presente. Pensando tratar-se de uma ficção do artista, buscando nos recônditos da memória, a imagem do amor perdido, a senhora Oliveira permaneceu estática, observando a beleza da arte produzida por Gaspar.

– Este é meu filho Rafael – mencionou, comprazendo-se com a reação atônita de sua visitante. – O que achas dele?

– Que brincadeira é essa, Gaspar? Por que retratares o teu filho à minha semelhança física?

– Digo-te, pois, que esta obra não é fruto de minha imaginação. É, antes de mais nada a personificação do bem mais caro que possuo na terra. É o filho que o destino trouxe aos meus braços, depois de sabermos da impossibilidade de Angeline gerar uma criança, e havermos decidido pela adoção de uma.

Transida de pavor, Ofélia deu alguns passos atrás e sentou-se no leito, por faltarem-lhe forças, sem no entanto conseguir desprender os olhos da tela à sua frente.

Aproveitando-se da fragilidade da mulher, Gaspar continuou a torturá-la:

– Por que será, minha querida cunhada, que este jovem haveria de trazer no olhar o brilho semelhante ao irradiado de teus belos olhos? Por que será o que o sorriso dele exprime o mesmo fascínio proveniente dos teus lábios macios e sedutores? Quis a natureza pregar-nos uma pequena peça, ou haverá alguma explicação plausível para tal ocorrência?

A mesma sensação de pânico, de mais de vinte anos atrás, tomou conta daquela senhora, estarrecida diante do inesperado acontecimento. O rosto pálido, quase exangue, denotava a intensa agonia corroendo-lhe o íntimo. Recordou a mocinha assustada, quase criança, deixando a casa dos pais para refugiar-se numa propriedade da família, uma casa de campo, localizada em outra cidade.

As lembranças vivas e atrozes do passado distante e infeliz retornavam de súbito. A viagem repentina, a qual se obrigara em face das circunstâncias, fora-lhe de intensa penúria. Abandonada pelo grande amor de sua vida e carregando no ventre o fruto da paixão eloqüente, seguira, com o coração estraçalhado, os caminhos da desventura, tendo ao seu lado apenas a companhia da serva fiel, Maria, que se constituiu em sua grande benfeitora.

Embora não escorraçada pelos pais, atitude comum nas famílias mais intransigentes ante à desonra provocada pela concepção de um filho bastardo, fora-lhe imposto manter seu segredo longe das más línguas da sociedade para evitar o conseqüente escândalo que atingiria o nome e abalaria a tradição dos Albuquerques. Sozinha, a léguas de distância, Ofélia sofrera todas as amarguras dos longos meses de solidão até o nascimento de seu bebê.

Jamais esqueceu o calor daquele corpinho frágil junto ao seu, no momento de amamentá-lo. Mesmo agora poderia ouvir o som do choro forte, proveniente dos pulmões plenamente saudáveis, aguardando aconchego. Soluços profundos sacudiram-lhe o peito ao recordar o instante em que entregara o pequeno ser aos cuidados de Maria. Nada poderia ser comparável à dor a transpassar-lhe a alma aflita. Poder-se-ia dizer que uma parte de si morrera naquele momento, restando-lhe sepultar o passado, na tentativa de sobreviver com o pouco de esperança alimentada pelo possível retorno de Gaspar.

Como havia sido determinado por seus pais, uma grande soma em dinheiro fora entregue à serva e tutora de seu filho, para que pudessem viver com dignidade, cabendo à Maria a obrigação de mantê-los informados sobre o desenvolvimento da criança.

Na volta ao lar, abatida e melancólica, Ofélia, qual morta-viva atormentava-se pela saudade do pequeno rebento do qual tivera que se separar irremediavelmente, como também, pelo desvanecimento da esperança de reencontrar-se com aquele a quem se entregara com loucura. Passados dois anos, ainda sem recuperar a razão de viver, submeteu-se à vontade de seus pais consorciando-se com Afonso, o irmão mais velho de seu ex-amor. O tempo lhe ensinara a amar o marido, para o qual não tivera coragem suficiente de relatar as minúncias dos dramas vividos no passado recente.

Lágrimas abundantes jorravam dos olhos incrédulos daquela senhora altiva, vencida a rudes golpes pelos caminhos desconexos da vida. Fixada na imagem do filho abandonado ao nascer, afligia-se imersa em sentimentos de culpa mediante o olhar, a princípio sereno, agora inquiridor, angustiado, como a cobrar-lhe uma explicação ao direito negado, de nos seus braços encontrar a força do sentimento maior da natureza, o único elemento capaz de justificar tanto as ligações mais primárias, quanto as mais complexas entre os indivíduos, o grande propulsor das pequenas e das grandes realizações humanas: o amor.

Jamais o remorso lhe castigara tão cruelmente quanto neste momento, sem encontrar justificativas para que Deus o houvesse encaminhado ao encontro daquele que a abandonara de forma egoísta e irresponsável.

– E então, minha senhora, – insistiu Gaspar, com indisfarçável prazer – o que tens a dizer a respeito?

Com a voz embargada na garganta, Ofélia tentou expressar-se, sem tentar ocultar sua dor incomensurável.

– Não entendo por que Deus o elegeu para ser o instrumento de minha infelicidade.

– É assim, então, que julgas a minha atitude? Onde se esconde o teu enternecimento materno ante o filho renegado ao nascer? Como pôdes ignorá-lo por todos estes anos, como se o mesmo jamais houvesse existido em tuas entranhas? És egoísta, má e insensível, a ponto de adormeceres todas as noites envolvida no teu pequeno mundo familiar, como se nada, absolutamente nada houvesses deixado para trás?

– Cala-te, Gaspar, por piedade! – implorou Ofélia prestes a desfalecer.

De certa forma, reconhecera uma parcela de razão nas palavras do cunhado, por isso quis explicar-se.

– Esqueces a idade que eu tinha à época do nosso envolvimento? Por que não voltastes como havias prometido? Decerto que isso não me isenta da culpa que carrego no imo do ser. Eu nada pude fazer naquela ocasião, estava completamente desorientada, frágil, à mercê das circunstâncias. O único desejo que tinha em mente era o de dar à luz o meu filho, na esperança do teu retorno, para juntos assumirmos a situação. No entanto, nada disso aconteceu, restando-me a alternativa de deixá-lo aos cuidados de Maria, conquanto minha consumição diante dos fatos.

Durante algum tempo Maria deu-nos notícias de seu paradeiro, sem nunca mencionar a criança, sinal de que tudo estava bem com ela, pois estava orientada a pedir ajuda caso fosse necessário. Após o terceiro ano, porém, houve a interrupção desse contato. Dentro de minhas limitadas possibilidades, tentei localizá-los por todos os meios possíveis, vendo esgotar-se a minha esperança, à medida que os anos transcorriam apagando todo e qualquer vestígio que me conduzisse até eles. Desde então, o contato com o meu menino estabelecia-se por meio de preces. Jamais existiu um dia em minha vida que não houvesse suplicado à Maria, mãe de Jesus, por sua felicidade e bom destino.

Ofélia encerrou a explanação, envolvida por grande emoção, consternada ante a figura do filho, agora parecendo sorrir-lhe em meio à dor supliciante estampada em seu rosto pálido, desfigurado.

Comovido pelas palavras acabadas de ouvir, Gaspar sentiu-se ainda mais dominado pelo fascínio a acorrentá-lo à mulher parada à sua frente.

– Ofélia – disse com ternura – não te saberia explicar as razões que me subjugam a ti. Fui ambicioso, reconheço, quando parti em busca de minha realização pessoal, apesar do amor que te devotava. Angeline significava a porta aberta aos meus anseios de tornar-me um grande artista. Sua ajuda me foi de grande valia para ascender num mundo onde somente o talento não seria razão suficiente para me colocar-me na galeria dos sonhos. Desolado ante a notícia de teu casamento com meu o irmão Afonso, desposei-a, incentivado por seus pais, donos de uma das galerias de arte mais importante de Paris.

Angeline foi uma companheira leal e dedicada, cuja sensibilidade feminina refreava os meus impulsos de sair à tua procura. Grande incentivadora de minha arte, auxiliava-me em minhas inspirações, traçando metas e roteiros de viagens pitorescas, sempre buscando o belo, o inusitado.

Conhecedora de minha imensa vontade de ter um filho, concordou em adotar uma criança, após resignar-se diante da dolorosa realidade de não poder ser mãe. Visitamos inúmeras instituições, à procura do filho idealizado em nossos sonhos. Foram meses de buscas ansiosas e de frustradas decepções, até encontrarmos aquele que, ao primeiro encontro, conquistou-nos o coração, irremediavelmente.

– Encontraram-no numa instituição para órfãos? – inquiriu Ofélia muito perturbada. – Maria foi capaz de abandoná-lo num orfanato?

– Acalma-te, tua ex-serva não te foi infiel – reconfortou-a Gaspar, retomando a narrativa. – Maria, após tua partida, foi residir em companhia de uma tia idosa e doente que não demorou a falecer. Não tendo mais com quem deixar o menino enquanto trabalhava, conduziu-o, pesarosa, à instituição religiosa, muito bem orientada pelas irmãs Carmelitas, permitindo-lhe continuar desenvolvendo pequenas tarefas, de ganho modesto, e dessa forma, preservar o patrimônio do seu pupilo. Visitava-o com freqüência, nunca descuidando do bem-estar da criança. Foi então que enfermou gravemente, vindo a ser recolhida por um hospital beneficente, também dirigido por religiosas, no qual permaneceu por longo período, convalescendo da pneumonia que quase a levou à morte.

Ao retornar à instituição onde deixara Rafael, quase enlouqueceu por não encontrá-lo. Sua prolongada ausência, sem qualquer justificativa, ocasionou a indicação da criança ao programa de adoção pela equipe de assistência ao menor abandonado.

Inconformada, Maria despendeu longo esforço para localizar o garoto, gastando pequena soma com subornos para obter informações que a levassem até ele. Finalmente, após meses de peregrinação, bateu à nossa porta quase sem esperança de reaver o seu pequeno tesouro. Encontrando-o em nossa companhia, emocionou-se às lágrimas de felicidade.

Embora a figura esquálida, as veste esfarrapadas, reconheci de imediato a serva de tua nobre família. Naquele momento, nenhuma palavra precisou ser dita para que eu compreendesse o que sucedera após minha partida. Acolhi Maria em meu lar, poupando-lhe o constrangimento de explicar-se sobre o passado, sendo até hoje, o verdadeiro Anjo-da-Guarda da criança que abandonaste ao nascer.

Apesar do constrangimento da alma, Ofélia sentia o coração enternercer-se diante das lembranças do filho jamais esquecido. Sua dívida de gratidão para com a serva seria irresgatável por toda a vida. O corpo trêmulo e a mente em desalinho impediam-na de fugir da presença de Gaspar, o maior responsável por sua desventura.

– Compreendes, agora, a razão dos meus tormentos e desvarios? Rever-te, após tantos anos de separação, reacendeu em mim a chama jamais extinta que nos uniu um dia. Sou escravo deste sentimento insano, que me consome noite após noite, imaginando-te nos braços de meu irmão. Sonho com a ardência de teus beijos, com o calor do teu corpo. Quero, pois, prezada senhora, pôr fim a esse martírio a enlouquecer-me.

– O que pretendes fazer? – interrogou aterrorizada.

Gesticulando com as mãos, boca hirta, Gaspar colocou-se à frente da porta para evitar possível evasão de sua visitante.

– Se temes uma atitude incivil de minha parte, assossega. Contudo, não acho justo enganares a todos, ocultando uma realidade que diz respeito à vida de cada um de nós.

– Gaspar, por Deus, imploro a ti reconsiderares os teus dizeres. Para que destruir a minha família em razão de um passado que jamais poderíamos resgatar?

– E Rafael? Continuarás a ignorá-lo, como o fizeste desde o seu nascimento?

– Rafael tem o teu amor, o devotamento da serva e protetora, Maria. Desfrutou dos carinhos de Angeline e sequer imagina a minha existência. Cruel seria perturbar-lhe a juventude com relatos que por certo destruiriam tudo aquilo em que acreditou até os dias de hoje.

– Continuas a negar-lhe o direito ao teu amor. Como és egoísta e omissa! Se o conhecesses, haverias de ver o quanto é belo e rico de valores pessoais. Achas justo sepultares o passado como se a única razão de tua pobre existência fosse o bem-estar de Afonso e de Ana Cecília?

Vertendo lágrimas sinceras, atingida pelas palavras de Gaspar, à semelhança de punhais incandescentes a ferir-lhe o desventurado coração, Ofélia caiu de joelhos, vencida pela dor martirizante.

– Em nome de Deus, Gaspar, preciso que não me julgues tão desumana! Embora possas não acreditar nas minhas palavras, em momento algum deixei de pensar em meu pequenino. Essa amargura, carrego comigo desde o instante em que fui obrigada a deixá-lo entregue aos cuidados de Maria, e esse suplício vai acompanhar-me até o último dia de minha vida.

E juro, perante o amor da Mãe de Jesus, que se algo fosse exigido de mim, em forma de sacrifício, que pudesse evitar o sofrimento de cada um deles, eu o faria de coração. Em meio a todo esse tormento que me aflige nessa hora, ainda assim, conforta-me saber notícias de meu filho. – E fitando novamente o quadro, continuou a falar emocionada: – Como é lindo o meu menino! Quanto gostaria de poder abraçá-lo e dizer-lhe do meu amor, do pesar que carrego no peito por não poder tê-lo junto a mim. Mas esse alto preço devo pagar à Lei Divina, restando-me resignar diante do padecimento do qual também sou vítima.

Percebendo esgotaram-se as derradeiras forças de sua visitante, Gaspar ajudou-a a erguer-se, contendo o impulso para não tomá-la nos braços, dando vazão à paixão que o consumia por inteiro. O olhar suplicante de Ofélia, aturdia-o. A boca trêmula, úmida, os cabelos em desalinho da mulher amada tornavam-na mais sedutora, exigindo dele um esforço sobre-humano para deixá-la partir para longe de sua vida, longe do seu amor.

Capítulo IV

AS VISÕES DE DESIRÉE

À exceção de Gaspar, que permanecera no castelo a pedido do próprio irmão, os demais hóspedes partiram, retornando a família à rotina habitual.

Ana Cecília, consumida pela melancolia, em razão dos últimos acontecimentos, decidiu buscar reconforto junto à avó paterna, a qual adorava, apesar da insanidade mental da velha senhora.

A senhora Desirée, descendente de família francesa, beirando os setenta e cinco anos, saúde estável, habitava, por seu gosto, uma ala pouco freqüentada do castelo. O acesso a seu aposento só era permitido a seus familiares e a duas servas de sua total confiança, uma das quais Maricá, com a qual mantinha estreito relacionamento. O contato com a família era freqüente, conquanto sua resistência em permanecer no seu amplo quarto, provido de todos os utensílios necessários ao seu conforto. Viúva há mais de trinta anos, recebia do filho, nora e neta todo o carinho e dedicação substancial à sua sobrevivência.

Os cabelos embranquecidos, rentes aos ombros, acentuavam-lhe a expressão misteriosa do olhar arguto e perspicaz. Ao rever a neta, achegando-se estristecida, silenciosa, contrastando com o alarde peculiar, retirou do colo o gato de estimação, oferecendo-o à recém-chegada.

– Ora, ora, que tristeza é essa que percebo nos olhos de minha princesinha?

– Não é nada vovó – respondeu, aninhando-se ao colo da anciã.

– O capitão Assis discorda de tua resposta... o capitão é sábio, ele não mentiria para mim.

– O capitão Assis? Quem é essa pessoa?

– O gato... não o viste há pouco?

– Mas o gato se chama Desulo, vovó!

– Ah, sim, Desulo é o gato do capitão!

Acariciando os cabelos da avó, Ana Cecília apiedou-se de sua loucura. Beijando-lhe a face, acrescentou.

– Dize para o capitão Assis que está tudo bem comigo!

– O capitão é um homem sério e corajoso. Na guerra, ele foi salvo por teu pai e gosta muito de ti. E agora ele me diz para que te afastes do homem viciado no jogo.

Intrigada, Ana Cecília estremeceu, afetada por breve desconforto. Imaginando que seu pai pudesse ter relatado à avó sobre Juarez Botelho, intentou dialogar com a anciã, buscando penetrar no seu mundo irreal.

– E onde está o capitão?

– Caminhando pelo quarto, como sempre faz. Incomoda-me sua inquietude. – E fitando o rosto da neta, inquiriu ansiosa – Incomoda a ti também? Queres que lhe peça para assentar-se?

– Oh, não! Deixa-o à vontade, não posso vê-lo mesmo...

– Ah, coitadinha! – E olhando sobre a cabeça da moça, como se a sua frente estivesse alguém a lhe falar, expressou-se naturalmente: – Ouviste? Ele te aconselha a ir junto com teu pai a casa do senhor Antônio da Silva.

– Do administrador? E por que motivo?

– Desulo é um gato fujão, quer que vá pegá-lo. Se não fores, o capitão ficará muito triste. Promete que irás, promete, queridinha!

– Ora, vovó, se o capitão é um homem sábio, como dizes, saberá que o gato retornará logo!

– Ele quer o gato... o gato! Apressa-te que teu pai está de saída.

– Papai já deve estar voltando de lá. Ele sai sempre muito cedo.

– Apressa-te... querida, a condessa está chegando. Ela não te quer bem!

– Vovó, eu não quero ir!

Impacientando-se, parecendo realmente preocupada, Desirée insistiu:

– Vai, agora! Não te quero aqui. Sai... sai... ela está chegando!

Assustada, Ana Cecília procurava acalmar a anciã, visivelmente descontrolada.

– Acalma-te, vozinha, não há ninguém aqui, somente eu, tua netinha.

Agitando-se cada vez mais, a senhora implorava a saída da moça, que não encontrando outra forma de serenizá-la, obedeceu contrafeita.

Pensativa, Ana Cecília retirou-se do aposento lamentando a condição mental de alguém, outrora considerada uma mulher inteligente e equilibrada.

Encaminhando-se para o jardim, onde costumava refugiar-se nos momentos de tristeza, encontrou Ofélia regando as flores, sua tarefa rotineira de todas as manhãs. Envolvida em seus dramas íntimos, não percebeu o abatimento estampado no rosto de sua mãe ao beijar-lhe as faces coradas pelo sol matinal.

– Onde estavas, querida? Teu pai está à tua procura.

– Fui ver minha avó. Hoje ela está num estado deplorável!

– O que dizes? Saí de lá há pouco, ela estava bem.

– Fisicamente, sim, refiro-me à sua agitação mental.

– Já devias estar acostumada às excentricidades de Desirée.

– Estou preocupada com ela!

– És jovem demais para compreenderes os misteriosos males que acometem os idosos. A mente, tanto quanto o corpo, não fica imune à ação do tempo, portanto, retira deste rostinho lindo esse ar de preocupação e vai ao encontro de teu pai a esperar-te em seu gabinete.

Ainda sob o impacto do recente encontro com Desirée, Ana Cecília abraçou Afonso desviando-lhe a atenção dos inúmeros papéis espalhados sobre a escrivaninha. Recolhendo o material analisado dentro de uma pasta de couro, disse-lhe com naturalidade:

– Aguardava-te para que me acompanhes à casa de Antônio.

Surpresa ante o convite inesperado, a jovem perguntou curiosa:

– Estiveste hoje com vovó?

– Ainda não. Assim que voltarmos pretendo fazer-lhe companhia por algumas horas. Por que queres saber?

– Nada importante, mas estou estranhando o teu convite para levar-me contigo à residência do administrador. Normalmente, esses encontros são sempre para discutirem assuntos referentes a negócios, razão pela qual não vejo como minha presença possa ser necessária.

– Pois afirmo-te que o assunto de hoje é de teu total interesse, portanto, coloquemo-nos a caminho.

Curiosa, tanto quanto intrigada, Ana Cecília subiu no coche aguardando a entrada do castelo, assentando-se ao lado de Afonso. Sem trocarem palavras durante o pequeno trajeto, pararam em frente da construção modesta onde residia o homem de confiança de seu pai.

Ao ouvir o barulho produzido pelos cascos dos animais em contato com o solo, o Sr. Antônio foi ao encontro dos visitantes. Homem sério, de poucas palavras, embora de procedência humilde caracterizava-se pela distinção no trato com as pessoas e pela discrição com que desenvolvia suas atividades de fiel colaborador da família Oliveira. Auxiliando a jovem acompanhante de seu patrão a descer da condução, convidou-os a entrarem na casa de aparência simples, extremamente bem cuidada. Dispondo duas cadeiras para acomodarem-se os recém-chegados, aguardou as orientações do senhor Oliveira conservando-se em pé, em sinal de respeito e consideração.

– Assenta-te junto a nós – manifestou-se Afonso, abordando, de imediato o assunto tratado. – Onde está tua mulher e filha?

– Estão na cozinha, senhor, na labuta doméstica.

– Deixe-as, por enquanto. Contudo, quero que menciones, diante de minha filha, a desgraça que se abateu sobre o teu lar.

– Senhor, envergonho-me de relatar nossa infelicidade na presença da senhorita, temendo macular-lhe a inocência e a pureza do coração.

– É um pedido meu, Antônio. Sem nenhuma pretensão de constranger a ti e aos teus familiares, desejo que tuas palavras de pai amoroso, cujo coração sangra nesse momento, sirvam de lição a esta jovem.

– Certo dia – iniciou o dono da casa, profundamente abatido – acercou-se de nossa casa, um jovem distinto em busca de uma informação sobre a localização de determinada propriedade de seu interesse. Rosa Maria, minha filha, deu-lhe a orientação necessária de como chegar até ao local desejado. Dizendo-se cansado e sedento, solicitou um copo d'água sendo prontamente atendido por minha filha. A partir de então, passou a buscar com freqüência a companhia de Rosa Maria, sem o meu conhecimento. Deixando-se encantar pelas palavras e promessas do moço, nossa menina iniciou um relacionamento às escondidas, pois imaginava que eu e sua mãe não aprovaríamos tal envolvimento. Passados alguns meses, o rapaz não mais voltou, sem dar nenhuma explicação. Foi então que Rosa Maria, apresentando sintomas estranhos quanto à saúde física, confessou-nos estar esperando uma criança. Ante essa amarga realidade, idéias nocivas povoaram os meus pensamentos durante algum tempo. Minha mulher, de desgosto, perdeu nove quilos em menos de dois meses. Meu filho mais velho, indignado com a desonra de nossa família, jurou de morte o causador de nossa desgraça. Hoje, vivemos sob a ameaça de uma tragédia ainda maior se tal crime vier a se concretizar.

– A propósito, o Senhor saberia dizer o nome do misterioso cavalheiro?

– Somente Rosa Maria conheceu-o pessoalmente, pois sempre aparecia quando eu e José estávamos ausentes, e minha mulher envolvida com as lidas da casa, mas segundo minha filha o seu nome é Juarez Botelho.

Visível palidez estampou-se nas faces de Ana Cecília. Um tremor involuntário das mãos fez com que as entrelaçassem para disfarçar o descontrole emocional produzido pelo impacto das revelações mencionadas por aquele homem simples e atormentado.

Observando a reação desordenada de Ana Cecília, embora o esforço empreendido para disfarçar o desconcerto, Afonso, compadecido pelo sofrimento do amigo, solicitou o comparecimento de Rosa Maria à sala de visitas. Em poucos instantes, a jovem penetrou o recinto, timidamente, procurando ocultar, sob a túnica de linho cru, a protuberância do ventre, no quarto mês de gravidez. A beleza simples da moça, aumentou a ira de Ana Cecília, ferida no seu orgulho e amor-próprio. Não havia mais dúvida em seu coração de que o amor de Juarez por sua pessoa nada mais era do que simples interesse financeiro, conforme as deduções afirmadas por seu pai.

– Como tens passado, minha jovem? inquiriu Afonso carinhosamente.

– De saúde estou bem, senhor, entretanto, não consigo perdoar-me pelo desgosto provocado à minha família.

– Foste vítima, minha filha, como tantas outras jovens inocentes, da maldade deste canalha, que como tantos outros de sua espécie, disseminam dissabores atrozes a pessoas de bem, crédulas, desprovidas de má fé. Contudo, faço aqui, na presença de todos, a promessa de obrigar este calhorda a reparar o mal que fez. Estejam certos de que esta criança não nascerá sem o sobrenome do seu verdadeiro pai.

Com os olhos úmidos, Antônio abraçou o companheiro de longos anos. Recebendo também caloroso abraço da companheira do amigo leal e da infortunada Rosa Maria, Afonso deixou a casa, em companhia de Ana Cecília, ansioso por tomar as primeiras providências para cumprir o prometido.

No retorno ao lar, Afonso e Ana Cecília dirigiram-se ao gabinete, destinado aos assuntos reservados. Esforçando-se para vencer o orgulho e mostrar-se agradecida aos cuidados paternos, Ana Cecília, de pé, proferiu em voz baixa.

– Desculpa-me, pai, pela discussão de outro dia. Tudo farei para não mais decepcioná-lo com as minhas teimosias.

Fixando o olhar no rosto altivo de Ana Cecília, Afonso manifestou-se sereno e decidido:

– Aceito tuas desculpas, embora não confie na reciprocidade das mesmas.

– Pai, estou sendo sincera quanto ao meu arrependimento em não querer te ouvir os conselhos.

– Tu irias trair-me, Ana Cecília. Negas, pois, que pretendias fugir com aquele crápula?

– Pai... eu não faria isso, nunca!

– Vais continuar negando? Acreditei por demais no teu caráter, esperando de ti somente a verdade, por mais cruel que pudesse parecer.

Atingida pela dureza das palavras do pai, Ana Cecília, movida pela coragem intempestiva, peculiar a seu temperamento audacioso e tenaz, respondeu-lhe soberba:

– Teria fugido, sim, caso não houvesse descoberto a tempo o caráter vil deste senhor.

Neste momento, Ofélia adentrou o recinto para certificar-se do retorno de ambos. Convidada a permanecer no ambiente, Afonso prosseguiu a expressar-se com rispidez.

– Devo admitir que admiro a tua coragem em confessares o teu pretenso desatino, o que faz de ti uma verdadeira Oliveira. Entretanto, tua rebeldia transcende o que seria permitido a qualquer mulher. Precisas da correção necessária para domares a natureza obstinada, inadequada à tua feminilidade. Assim sendo, precisas de tempo para reflexão e de disciplina adequada para te tornares subserviente, virtude indispensável a uma mulher. – Andando em derredor da escrivaninha, Afonso concluiu, ante o olhar estarrecido da esposa: – A clausura, talvez, seja a solução para pores fim aos teus desatinos! Isso mesmo! Se o amor e a compreensão de tua família não foram suficientes para ajudar-te a amainar tuas teimosias, decerto, o rigor de uma instituição religiosa poderá melhor adestrar os teus maus pendores.

Horrorizada ante a possibilidade do afastamento da filha, Ofélia intercedeu, aflita:

– Afonso, não retirando nenhuma de tuas razões, pois reconheço a gravidade dos feitos de nossa filha, peço-te não a afastares do nosso convívio. Prometo orientá-la com maior severidade, quando necessário for, mas, por favor, deixa-a ficar!

– Desta vez, recuso-me a atender-te, minha querida! Compreendo o teu coração de mãe dedicada e amorosa, todavia, não podemos arriscar quando se trata da educação de nossa filha. Ainda esta semana, Ana Cecília será colocada sob a guarda de criaturas benevolentes, que renunciaram às ilusões do mundo por amor a Jesus, de onde só sairá às vésperas do seu casamento com Ramiro Neto.

Como chumbada ao solo, Ana Cecília acompanhava as explanações paternas, incapaz de emitir qualquer opinião a seu favor, incrédula, diante do seu veredicto. Dispensando-a de sua presença, Afonso retomou seus afazeres, tentando ignorar a dor íntima ocasionada pela drástica decisão.

A senhora Oliveira, sofrendo mais um terrível embate, foi ao encontro da filha em seu aposento, intentando confortá-la. Sufocando a própria dor, deitou ao seu lado no leito macio, abraçando-a em seguida.

– Coragem, minha filha. O teu pai está muito magoado contigo, contudo, não há nada que o tempo não cicatrize. Farás novas amizades por onde fores e não acredito que Afonso não retroceda de sua decisão com o passar dos meses. És a nossa razão de viver. Esta moradia, sem a tua presença, será como uma longa noite sem estrelas, ou semelhante ao dia sem a luminosidade do sol, aquecendo a vida. Oh, minha querida, não te revoltes contra o teu pai! O seu único propósito é o de zelar por tua felicidade. Sê resignada e obediente e verás que Deus não abandona nenhum de seus filhos. Acredita em tua mãe.

As palavras de Ofélia tocaram fundo no coração de Ana Cecília que permaneceu em silêncio, convulsionada pelo pranto incontido. Mãe e filha, experimentando o mesmo tormento da separação, abraçaram-se fortemente, sem emissão de palavras, movidas pelo único sentimento envolvendo-as por completo: o amor.

No terceiro dia, após tornar público a seus familiares a difícil decisão, Afonso seguiu viagem em companhia da filha para a cidade de Évora. Amargurado, não obstante a convicção de estar agindo corretamente, convenceu a esposa de permanecer na casa durante sua ausência, procurando, dessa forma, poupá-la de um sofrimento maior quando tivesse que se despedir de Ana Cecília, no convento, onde a moça passaria a residir por tempo indeterminado.

Circunscrita a seu mundo íntimo, Ana Cecília lamentava a breve oportunidade que tivera para despedir-se de Maria Ângela. Foram poucas palavras, muitas lágrimas e a promessa de manterem contato por meio de correspondências. Ainda assim, não esquecera de deixar aos cuidados da prima uma carta endereçada a Juarez Botelho.

Excessivamente orgulhosa, Ana Cecília cerrou as pálpebras, ensejando não demonstrar o menor vestígio de fraqueza ante a presença paterna. Embora os conselhos da mãe, a mágoa agasalhada no peito contra aquilo que considerava ser uma falta imperdoável, a imposição, sob qualquer aspecto, fustigava-lhe a alma, impedindo-a submeter-se ao impulso de jogar-se nos braços de Afonso. Amava o pai, ainda que abominasse o seu autoritarismo, nunca se permitindo contrariar por qualquer pessoa. Recordou o último encontro com a avó, no dia anterior a sua partida. Desirée parecia aguardá-la, como se fosse capaz de prever as suas intenções. Pretendia convidá-la para um passeio pelo jardim, uma espécie de despedida, ao que foi surpreendida pelos dizeres da anciã.

– Ah, minha princesinha, não existe despedida entre os que se amam! Ademais, não posso sair daqui.

– E quem falou em despedidas! Queria ver-te, somente. Eu adoraria passear um pouco em tua companhia. Por que não vamos? O dia está lindo, há um sol maravilhoso lá fora!

– O sol, posso vê-lo de minha janela!

– Não é o bastante. Vem, pois, comigo apreciá-lo mais de perto.

– Aqui é o meu lugar... não posso acompanhar-te. Os meus meninos não permitiriam.

– Teus meninos? Mas não há nenhum menino aqui!

– Não te aborreças com eles – disse, acariciando-lhe os cabelos. – Eles não são maus, pobrezinhos! Eu não os deixei nascer... e agora querem que eu fique aqui, sempre.

– Então convide-os também, eu não me importo.

– Tu não entendes!... Eles gostam de brincar, e me consideram prisioneira deles. Desconheces as regras? Prisioneiros não dispõem de liberdade...

Apiedada pelo grau de alienação de Desirée, Ana Cecília insistiu:

– Se quiseres, falo com eles. Pedirei uma trégua.

– Cala-te, insensata! Eu sou culpada, preciso cuidar de cada um deles. Ah, minha queridinha, o teu avô não pode saber de nada, viste! Este é um segredo nosso. Eu sofri muito durante a gravidez de Afonso e a de Gaspar. Meu marido deixava-me sozinha... e aquelas mulheres, coitado, não o deixavam em paz. Então eu decidi: nada de mais filhos. Eu precisava proteger teu avô daquelas infames, colocando-me ao seu lado, sempre, onde quer que fosse. Engravidar, nunca mais! A barriga prende a mulher em casa e o marido fica à solta para fazer o que quiser. Por isso, meus meninos exigem minha presença aqui.

– Vovó, não estou entendendo o teu relato.

– Eles me chamam de assassina... é horrível quando estão zangados. São egoístas... não querem compreender as minhas razões. São cinco criaturas a atormentar-me dia e noite. Um deles, o mais raivoso, afirma que o assassinei quatro vezes. Como seria possível, se nenhum deles chegou a nascer?

Aturdida, Ana Cecília inquiriu assustada:

– Estás querendo dizer que praticaste alguns abortos?

Olhos desmesuradamente abertos, vasculhando em volta de si, fez sinal para que a neta se aproximasse e falou-lhe baixinho, aos ouvidos:

– Foram seis, ao todo.

– Mas vovó, o que estás me dizendo é muito grave.

– Eu sei... eu sei! – E levando a mão a testa continuou a expressar-se: – Só o capitão me compreende, apenas ele não me condena.

– Não estou te condenando, contudo é difícil acreditar que tenhas agido contra os ensinamentos da Igreja.

– Isso mesmo, Desulo é um grande pecador. Ele sabe que não deve comer os meus biscoitos, e ainda assim os devora, basta um pequeno descuido meu.

Indecisa quanto a considerar como verdade o que lhe dissera Desirée, Ana Cecília abraçou-a comovida. Recostando a cabeça sobre o peito da anciã, percebeu o instante em que o seu batimento cardíaco acelerou-se inopinadamente. Surpresa com o fato, fitou o rosto pálido e assustado da avó, permanecendo paralisada ante a expressão de horror da velha senhora. Procurando auto-controlar-se, embora a sensação de pânico a envolvê-la instantaneamente, falou com serenidade.

– O que houve, querida? Não te sentes bem? Vou chamar papai!

– Nunca haverá paz em teu caminho. Soa o sino da eternidade, pois o teu padecer jamais cessará no solo em que pisas. O sangue jorrado pela ira traiçoeira da ambição, amaldiçoado será até o momento em que a sombra da desgraça alcance a todos os culpados, conduzindo-os ao despenhadeiro da desventura absoluta, onde o ódio será o alimento essencial aos que desejam sobreviver, qual víboras rastejantes, repudiadas por todos os viventes. Assim será.

Ao pronunciar as últimas palavras, leve estremecimento percorreu o corpo de Desirée. Retomando o alheamento habitual, frente ao olhar pasmo da neta, voltou a comentar sobre seus inúmeros companheiros invisíveis, introduzindo diálogos desconexos, completamente ininteligíveis à compreensão de Ana Cecília.

"... Até que a sombra da desgraça alcance a todos os culpados...". Um calafrio percorreu-lhe o corpo ao recordar as palavras carregadas de rancor, ameaçadoras, destoando das comunicações obtusas da avó. Envolvida, talvez, pelas alucinações da anciã, criara uma imagem mental de um rosto de mulher, ainda jovem, sobrepondo a fisionomia da velha senhora. Fugindo a essa impressão desagradável, completamente sem sentido, reabriu os olhos para concentrar-se na paisagem, sem, contudo despertar-lhe grande interesse.

Enquanto a condução afastava-se, conduzindo os viajantes a destinos diversos, Ofélia deixava-se combalir pela saudade insuportável da filha, como também do companheiro que permaneceria ausente por quase um mês. Em razão de vários empreendimentos comerciais a serem tratados em outras cidades, Afonso aproveitaria o ensejo da viagem inesperada para adiantar alguns procedimentos essenciais ao bom êxito dos negócios em andamento.

Sozinha, vez em quando era visitada pela irmã Cândida e a doce sobrinha Maria Ângela, momentos estes que lhe renovavam as energias. Além da missa dominical a reforçar-lhe a fé, imprescindível à continuidade de sua existência, a senhora

Oliveira buscava atarefar-se até a exaustão, na expectativa de que os dias passassem mais rapidamente.

Após uma semana mergulhada em profunda melancolia, resistindo tenazmente às investidas de Gaspar, Ofélia recolheu-se mais cedo ao seu aposento íntimo, designando à Maricá os últimos afazeres domésticos. Com o coração a despedaçar-se ante as recordações da filha adorada, jogou-se sobre a cama vencida pelo cansaço acumulado dos últimos dias.

O organismo físico, não acostumado a tantas atividades braçais, jazia exangue sob o fino lençol de seda recobrindo-a parcialmente. Um leve torpor, provocado pela exaustão em que se encontrava, envolveu-a em poucos minutos. Horas mais tarde, um toque suave em sua cabeleira sedosa proporcionou-lhe uma agradável sensação. A sonolência intensa impedia-lhe reabrir os olhos, comprazendo-se com a carícia sutil, supondo estar sonhando. A maciez dos lábios calorosos roçaram sua testa trazendo-lhe à lembrança a imagem do marido tão amado. Presa à magia daquele momento, não reagiu à impressão do toque delicado deslizando suavemente pela pele macia dos braços inertes. A boca entreaberta, era um convite irresistível ao beijo que se deu, a princípio suave, tornando-se ardente à medida que se prolongava. Tal envolvimento a fez despertar completamente, ficando estarrecida diante da presença de Gaspar, ofegante, observando-a, após afastar-se bruscamente.

Sentindo-se terrivelmente afrontada em sua intimidade, Ofélia avançou contra o cunhado, esbofeteando-lhe o rosto injetado de paixão.

– Canalha, como ousaste invadir o meu aposento, e ainda aproveitar-se do meu esgotamento físico!

– Posso explicar – desculpou-se Gaspar segurando os pulsos de Ofélia, imobilizando-a. – Não foi de propósito, juro.

Percebi tua indisposição ao recolher-te mais cedo ao leito. Como não te havias alimentado, solicitei à Maricá que providenciasse algo para ti. Quando a serva para cá se encaminhava, foi chamada às pressas para atender minha mãe. Diante desse contratempo, eu mesmo vim trazer-te uma xícara de chá e alguns biscoitos. A porta estava destrancada e adentrei o aposento um tanto constrangido. Contudo, ao ver-te tão profundamente adormecida, enchi-me de ternura e levado por incontrolável impulso acariciei teus cabelos tentando despertar-te. Como não reagiste ao meu contato, fui, desgraçadamente, deixando-me tomar pelos arroubos da paixão que escraviza e aniquila minha alma. O sucedido posterior, já o sabes, e tens todo o direito de rechaçar-me como a um cão raivoso.

Ainda possessa e descontrolada, a senhora Oliveira falava com extrema revolta:

– Por que não partes daqui? Desde que chegaste minha vida se transformou num verdadeiro inferno. A tua simples presença me enoja e não estou mais suportando que permaneças por mais tempo. Tens consciência do quanto és indesejável e inconveniente. Qualquer um outro homem teria a dignidade de não desejar sentir-se um intruso entre os seus afetos, todavia a tua insistência em seres desagradável extrapola todos os limites ponderáveis à razão. Agiste criminosamente, ferindo minha honradez e humilhando, sem escrúpulo, a confiança daquele que te acolheu com cordialidade e apreço. És o maior dentre os malditos existentes na face da terra. E se alguma consideração eu te devotava, por questões familiares, agora nada mais resta, a não ser ódio e desprezo à tua pessoa. Aconselho, pois, partires o quanto antes... de preferência, amanhã, ao amanhecer do dia.

Convicto de sua culpa irreparável, olhos úmidos, visivelmente humilhado, Gaspar respondeu com a voz embargada:

– Fui insano, reconheço. Não ouso contestar nenhuma de tuas palavras. Resta-me sufocar esse amor louco que me leva ao desatino, recolhendo-me ao meu lar, e dedicar-me, por inteiro, àquele que o destino colocou sob minha guarda, para amar e proteger acima de tudo. Entretanto, não posso atender ao teu pedido de seguir viagem o quanto antes, visto haver prometido a meu irmão eternizar tua beleza, usando minha habilidade artística. O tempo para a execução do trabalho dependerá unicamente de nós dois.

– Nunca! Não posarei para ti. Quero que te vás, o mais rápido possível. Quanto a Afonso, não te preocupes, ele compreenderá a necessidade de retomares as atividades inerentes à tua arte. Portanto, não vejo razão para voltarmos a nos encontrar. Encerremos aqui todo e qualquer contato entre nós.

Submetendo-se à imposição de Ofélia, Gaspar retirou-se do quarto sem proferir nenhuma palavra. A sós, a senhora Oliveira respirou aliviada, embora o seu corpo ainda registrasse as impressões magnéticas produzidas pelas carícias do inesperado visitante.

Certificando-se haver aferrolhado a porta, ajoelhou-se sobre o tapete, ao lado da cama, tentando concentrar-se em oração. Inúmeras vezes reiniciou a prece "Ave Maria", por lhe fugir o pensamento, voltando a recordar-se da sensação estranha referente a presença de Gaspar. As palavras de Desirée, ditas pela manhã, retornaram-lhe a mente. "... a condessa, ela quer a tua destruição. Roubaste-lhe o homem amado, deixando ao abandono o teu marido, ferido, profundamente, pelo desgosto! Pobre Gaspar... pobre condessa!".

Em meio à profunda crise emocional, Ofélia tentava conciliar o sono. Adormeceu, finalmente, embora inexplicável agitação a compelisse a despertar, assustada, por diversas vezes. Sonhos ininteligíveis povoavam sua mente cansada, fazendo-a transpirar excessivamente. Um grito horrendo de mulher a fez estremecer, conquanto o corpo permanecesse em completa letargia, impossibilitando-a movimentar-se.

A mulher desconhecida, com cabelos em desalinho e o olhar perturbado, caminhava ao seu encontro, trazendo um punhal cravado ao peito, de cujos ferimentos fluía o sangue fresco, inundando-lhe a veste alva, de fino tecido. Resfolegante, a senhora Oliveira conseguiu sentar-se ao leito, sobressaltada ante o terrível pesadelo. Quase em pânico, dirigiu-se até a pequena mesa, servindo-se da água fresca contida na jarra de prata, molhando a garganta ressecada pela falta de saliva. Acometida por estranho pavor, retornou ao leito sem ousar fechar os olhos novamente. A luz tênue do lampião sobre o suporte, preso à parede, dava-lhe a impressão de visualizar vultos, em aparições fugazes, provocando-lhe a ansiedade de ver o dia surgir no horizonte.

Os primeiros raios de sol transpuseram a janela semi-aberta do aposento íntimo do casal Oliveira. Extenuada, Ofélia descansava da noite de horríveis acontecimentos, recostada sobre as almofadas, com o corpo ligeiramente reclinado sobre as mesmas.

Reabriu os olhos e verificou que tudo estava em ordem, permanecendo, somente, indescritível angústia a incomodá-la sobremaneira. Ergueu-se do leito sentindo o corpo dolorido e indisposto. Evitando deparar-se com o cunhado, deteve-se por mais algum tempo no quarto, fiscalizando as roupas guardadas nos armários.

Às nove horas, aproximadamente, desceu até a cozinha encontrando Maricá com ares de preocupação.

– Se a senhora demorasse mais um pouquinho de tempo, eu iria subir para ver o que estava acontecendo.

– Perdi o sono durante a noite. Quando consegui descansar, realmente, já era quase dia claro, por isso só agora consegui levantar.

– Acho que não foi só a senhora que perdeu o sono nesta noite. O senhor Gaspar partiu nessa madrugada, deixando apenas um bilhete dirigido ao senhor, seu marido.

Procurando disfarçar a preocupação quanto ao teor da mensagem dirigida a Afonso, Ofélia pronunciou-se naturalmente:

– Ele havia me comentado, ontem à tarde, que poderia partir a qualquer momento. E onde está o bilhete deixado por ele?

Retirando do bolso do avental o pequeno pedaço de papel, Maricá entregou-o à patroa.

De posse do papel, Ofélia deu uma desculpa e retirou-se para o gabinete do marido. Fechando a porta atrás de si, desdobrou o bilhete em suas mãos, passando a lê-lo imediatamente.

"Prezado irmão. Lamento partir de forma inesperada, por razões inadiáveis, não podendo cumprir, a contragosto, o teu pedido quanto a reproduzir na tela o belo rosto de tua amada e digna companheira. Se outra oportunidade nos for concedida, terei o máximo prazer em cumprir o prometido. Agradeço-te a acolhida amistosa, pedindo que transmitas à minha dedicada cunhada toda a minha gratidão e apreço.

Gaspar"

Redobrando a mensagem e agrupando-a aos demais papéis sobre a mesa, Ofélia experimentou enorme paz inundando-lhe a alma sofrida, aquietando o íntimo cansado das inúmeras torturas, colocando à prova a sua resignação e a confiança em Deus. Agora, livre das penúrias recentes, bastava aguardar o retorno do marido, sentindo, reavivar a esperança de uma convivência feliz e duradoura junto aos seres amados.

Capítulo V

O PASSADO PERTURBADOR

Entardecia, no quarto modesto de uma pensão situada próxima ao cais da cidade de Lisboa. Juarez Botelho dormia pesadamente, sob o efeito do excesso de bebida ingerido no final da manhã. Rosa Maria, da minúscula varanda, observava o movimento do transporte de mercadorias até o porto. Homens de pele amorenada, curtida pelo sol, carregavam fardos enormes, empilhando-os próximo ao navio que partiria rumo ao Brasil, ao amanhecer do dia. Deprimida pela saudade da família e receosa quanto à mudança para a nova colônia portuguesa, sentia o coração pulsar no peito.

Casara com Juarez Botelho há menos de uma semana. Conforme prometera o patrão de seu pai, o moço viu-se obrigado a reparar a honra da família, embora humilde, após suas dívidas haverem sido resgatadas pelo senhor Oliveira, tornando-se o mesmo, o seu único credor. Sem outra alternativa que pudesse livrá-lo da prisão, aceitou a oferta de receber razoável quantia para estabelecer-se em terras longínquas, após o casamento, além da dispensa do pagamento, de valor elevado, dos débitos assumidos por Afonso, desde que tratasse a jovem esposa com respeito e apreço. Havendo o rompimento do acordo, a qualquer tempo, o senhor Oliveira providenciaria a imediata cobrança da dívida a ele devida.

Juarez Botelho reagiu com prudência às exigências de Afonso, conquanto se deixasse tomar por um sentimento adverso, chegando quase ao ódio, abominando a atitude do homem arrogante a determinar-lhe o caminho a seguir. A carta deixada pela ex-namorada, Ana Cecília, viera aumentar-lhe a revolta diante da humilhante situação. Não admitia ver-se atrelado a uma mulher rude, sem expressão social, embora dotada de beleza singela e de boa educação. O repúdio de Ana Cecília o feriu profundamente, canalizando os seus contragostos para um único propósito: a vingança.

Enquanto Juarez e Rosa Maria partiam rumo à terra desconhecida, o casal Oliveira traçava planos de empreender breve viagem em visita à família Toledo.

Um mensageiro seguiu à frente, levando as boas novas. Recebidos com enorme amabilidade e alegria pelos amigos, Ofélia e Afonso passaram dias maravilhosos, minorando um pouco a dor provocada pela separação da filha querida. Anastácia Toledo, mulher sofrida e muito experiente quanto aos relacionamentos humanos, percebeu a melancolia consumindo intimamente a amiga de tantos anos. Aproveitando um momento em que ficaram a sós no enorme casarão, arriscou tocar no assunto.

– Deves estar com enorme sofrimento a consumir-te a alma. A tua tristeza não se deve somente ao fato da ausência de Ana Cecília. Existe algo mais. Por que não te abres com alguém? Não confias em mim?

– Imagina, Anastácia! És como uma irmã querida, digna de toda confiança.

– Gostaria de poder retribuir-te o amparo imprescindível quando por ocasião de minha maior agonia. Graças a teu apoio e ao do padre Selênio tive coragem para enfrentar a cólera de meu marido, não cedendo à idéia do aborto por ele exigido.

– Foram dias difíceis e torturantes. Embora o teu suplício ante o algoz implacável a submeter-te à cruel bestialidade carnal, condoía-me o desespero de Dom Ramiro perante a concepção aviltante de um filho bastardo, cuja brutal realidade estaria vinculada a suas vidas para sempre. Morto o criminoso, ainda assim, o fruto de sua ação maldita disparava outros processos de proporções afligentes. O teu amor maternal suplantou o momento de horror vivenciado por ti e graças à intervenção do padre Selênio, Dom Ramiro assumiu a indesejável paternidade, embora o ódio retido no coração amargurado.

– Foi um milagre o seu convencimento e serei eternamente grata ao padre por isso. Agora o meu menino está aos cuidados de Jesus, que haverá de velar por ele, conduzindo os seus passos pelos caminhos da retidão e bem-aventurança.

– Graças a Deus, a tempestade passou para tua família. Eu, no entanto, vivencio tormentos insuportáveis provocados por minha própria insensatez e imaturidade.

Relatando à sua companheira os dramas responsáveis por sua agonia, Ofélia irrompeu em doloroso pranto. Estupefata diante da conturbada revelação, Anastácia aconselhou com cautela:

– Não seria prudente relatares a Afonso o que acabas de me dizer, antes que essa verdade chegue até ele por outros meios?

– Afonso não me perdoaria essa omissão durante todos esses anos. Falta-me coragem para contar-lhe neste momento. A simples idéia de perder meu marido coloca-me em pânico. Ah, minha amiga, não sei como agir!

– Assossega e tenta manter o raciocínio lúcido. Afonso te ama e mesmo que se enfureça contigo no primeiro instante, haverá de compreender a tua fragilidade e imaturidade diante dos fatos de outrora.

– Ainda assim, que justificativas terei para jamais haver-lhe contado sobre o meu passado?

– O receio de magoá-lo profundamente e pôr em risco a felicidade de ambos.

– Oh, meu Deus! Quanto me arrependo haver calado toda a verdade... como poderia imaginar que esta criança pudesse um dia estar na companhia de seu verdadeiro pai? O destino foi por demais caprichoso. Penso que esta foi a forma que Deus utilizou para punir-me pelo ato abominável do abandono ao pequenino ser.

– Foste obrigada a agires dessa forma!

– Não, Anastácia, eu fui fraca e covarde. Dei muito mais valor à preservação do nome digno da família, do que à benção da maternidade. Enquanto tu, vitimada pela ação malévola de um ser delinqüente, desprezível, rejeitaste interromper a vida que se iniciava em teu ventre, resultante do ato abominável, criminoso. Quanto te admiro, minha amiga! E Dom Ramiro é merecedor de todo o respeito e consideração, ao deixar-se convencer por teus rogos, em obediência às suas convicções religiosas, como também ao amor a ti devotado.

– Não nos cabe o julgamento, minha querida. Os acontecimentos são distantes. Os fatores relevantes dependiam de situações peculiares às circunstâncias e aos fatos. Portanto, o melhor será aguardarmos a inspiração necessária para a condução dos nossos passos. Tenho fé de que Nossa Senhora, Mãe dos martirizados, haverá de amparar-te, auxiliando-te a escolher o melhor caminho a seguires.

– Obrigada, minha amiga! É até egoísmo de minha parte trazer-te novas preocupações, quando já enfrentas os teus próprios infortúnios.

– Não mais repitas estas palavras. Amigos são âncoras que nos mantêm em porto seguro. Assim sendo, temos a certeza de podermos contar uns com os outros nas horas das grandes tormentas.

Estendendo a mão à Ofélia, que correspondeu ao gesto fraterno da companheira, levantaram-se ambas, procurando superar as velhas e dolorosas cicatrizes, encaminhando-se para o pomar verdejante, a perder-se de vista, em busca do refrigério indispensável ao reequilíbrio da alma em conflito.

Enquanto isso, no convento de Santa Clara, situado na cidade de Coimbra, Ana Cecília debatia-se no leito em razão da febre inexplicável e persistente. Há três dias, mal se alimentara, tendo ao seu lado a assistência constante da irmã Dirce, religiosa por vocação, cujo devotamento no auxílio aos necessitados conquistava a simpatia de todos os internos da congregação, até mesmo o reconhecimento de seus superiores.

Após a recusa da sopa quentinha preparada especialmente para a enferma, irmã Dirce insistiu:

– Ana Cecília, deves esforçar-te para recuperares a saúde. Prova a sopa, tenho certeza de que irás apreciá-la.

– Não tenho fome, irmã. Por favor, não insistas!

– Como posso deixar-te a enfraquecer dessa maneira! Se não tomares a sopa, serei obrigada a chamar um médico.

– Está bem! Mas só tomarei um pouquinho.

Embora a falta de apetite, o sabor do alimento motivou-a a ingerir a refeição oferecida, quase por completo. Satisfeita, irmã Dirce, após agasalhá-la sobre o leito, retirou-se por instantes, deixando-a a descansar. A febre parecia ceder à medida que a transpiração inundava os lençóis que a envolviam. Nesse processo de reequilíbrio térmico do corpo, Ana Cecília sentiu estranha sensação de leveza, como se seu corpo se elevasse acima do leito. Olhou em volta de si e presenciou o seu organismo físico mergulhado em sono profundo. Atônita ante ao fenômeno desconhecido, emitiu um grito de pavor, despertando, de imediato, trêmula, com o coração saltitando no peito.

Correndo ao seu encontro, irmã Dirce perguntou, assustada.

– O que houve, estás sentindo alguma coisa?

Com dificuldades para expressar-se, a jovem fez sinal com uma das mãos de que estava tudo bem. Ao controlar a respiração, finalmente explicou:

– Estou bem, irmã. Apenas tive um sonho horrível. Viame fora de meu próprio corpo, que jazia adormecido no leito, enquanto eu vagava pelo quarto. Pensei estar morta, foi uma sensação horrível, indescritível!

Compreensiva, a irmã acalmou-a:

– Foi só um sonho ruim. Estás enfraquecida pela febre dos últimos dias, por isso a predisposição aos sonhos alucinatórios.

– Deves estar certa, mas estou com medo de ficar sozinha, aqui, neste quarto de repouso.

– Permanecerei a teu lado, e tão logo melhores, voltarás a dormir junto às outras internas.

– Obrigada, irmã Dirce, és uma verdadeira santa!

– Não digas bobagens. As outras irmãs agiriam da mesma forma que eu. Agora, vamos tomar o remédio fortificante para voltares a ter apetite. Depois, procura descansar novamente.

Passados alguns dias, Ana Cecília, completamente restabelecida, envolvia-se no trabalho artesanal, modelando argila, transformando-a em peças ornamentais que, após a arte final, seriam colocadas à venda nas feiras populares e a arrecadação se reverteria em favor da própria instituição e de suas atividades assistenciais. Essa modalidade fazia parte de uma das disciplinas de sua preferência, a História da Arte. Absorvida na produção de uma peça nascida de sua própria criatividade, viu-se obrigada a interromper o trabalho para atender ao chamado da dirigente da instituição, a irmã Guadalupe.

Após lavar as mãos e retirar o avental sujo de barro, encaminhou-se para o gabinete da supervisora. Adentrando o recinto, irmã Guadalupe endereçou-lhe um longo sorriso:

– Aproxima-te, querida, tenho uma surpresa para ti!

– Não posso imaginar o que seja, irmã, mas a senhora está a me deixar muito curiosa.

– Aguarda um momento. – Tocando um pequeno sinete, irmã Guadalupe solicitou à irmã Francisca que viera atender ao sinal: – Por favor, irmã, faça entrar as pessoas que aguardam na sala ao lado.

Ana Cecília estremeceu ao ouvir as palavras da superiora. Sua expectativa era enorme! Finalmente, a figura graciosa de Maria Ângela surgiu à porta, seguida de Cândida, que a abraçaram efusivamente.

– Não posso acreditar que estejam aqui, exclamou a jovem, eufórica!

– Estamos morrendo de saudades tuas!

– E meus pais, por que não vieram?

– Eles estão viajando no momento. Tentam amenizar a dor das saudades tuas.

– Bem poderia eu estar ao lado deles, mas decidiram que não! – falou com ironia. – Ainda bem que não fui esquecida por todos!

– Tenho certeza de que teus pais estão muito abatidos com a tua ausência, como eu também ficarei muito saudosa de minha filha.

– O que estão a dizer? Maria Ângela vai ausentar-se de casa?

– Ela veio para ficar em tua companhia.

Controlando-se para não gritar, Ana Cecília consultou a prima, dando pulos de alegria.

– É verdade o que minha tia acaba de dizer, é verdade?

As duas jovens abraçaram-se emocionadas.

– Não agüentei ficar longe de ti. Enfim, convenci meus pais a me deixarem vir também.

– Adorei a idéia, mas acho que enlouqueceste! Como podes querer ficar... – Lembrando-se da presença da superiora, Ana Cecília interrompeu a frase. – Que bom que vieste, não tenho como agradecer a todos!

Após o terceiro dia de muitos diálogos e conselhos pertinentes à conduta da filha e da sobrinha, Cândida partiu com o coração repleto de saudade, contudo, satisfeita por imaginar que a presença de Maria Ângela junto à Ana Cecília traria, de certa forma, alguma tranqüilidade à alma amargurada de sua irmã prestes a retornar da Espanha.

Na semana seguinte o casal Oliveira adentrou o castelo silencioso, recepcionado pela figura alegre de Maricá. Ordenando a um servo da casa que fosse avisar ao senhor Antônio da Silva de sua chegada, Afonso dirigiu-se ao seu gabinete após acomodar a esposa no leito, cansada da viagem.

Certo de que o patrão desejasse rever os relatórios contábeis e saber das ocorrências durantes sua ausência, Antônio apresentou-se trazendo consigo os livros de contas e outros papéis de importância para os ajustes administrativos a serem analisados por ambos. Saudando o amigo, o administrador assentou-se na cadeira à frente de Afonso.

– Tudo em ordem com o serviço? E a família? Rosa Maria já deu alguma notícia?

– Até aqui, tudo dentro da normalidade. Minha filha ainda não enviou nenhuma carta. O tempo não foi suficiente, acredito.

– Esta viagem me fez um bem enorme. Ofélia voltou mais reanimada, embora bastante exausta. Agora, vamos ao que interessa!

Depois de algumas horas em companhia de Antônio, Afonso dispensou-o após interar-se de todos os assuntos relevantes ao controle dos interesses da família. No seu aposento íntimo, a esposa entregava-se ao sono profundo. Contendo-se, a custo, para não importuná-la com seus arroubos de paixão, beijou-lhe a testa, suavemente, e afastou-se na intenção de visitar a mãe.

Desirée, já informada de seu retorno, aguardava-o, assentada em sua poltrona favorita, acariciando o pelo macio do gato Desulo.

– Como estás, minha mãe!

– Desulo estava impaciente com a tua volta. A condessa também!

– Mamãe, porque resistes em saíres um pouco deste quarto? O ar fresco, lá fora, refrescaria tuas idéias e diminuiria essas falsas impressões.

– Não acreditas, não é mesmo? Se me desses ouvidos, talvez muitas tristezas te fossem poupadas!

– Mãe, não há mais ninguém aqui, além de nossa família. Eu jamais salvei a vida de capitão nenhum e muito menos fui casado com uma condessa. Conheces minha esposa e filha, não sei por que insistes nessas histórias.

– Às vezes, tenho pena dela; em outras ocasiões, fico aterrorizada ante o ódio que destila. Ela é perigosa, não irá deixá-los em paz. O capitão está aqui e te promete fidelidade, mas contra a condessa o seu poder é pequeno.

– Está bem, senhora Desirée. Diga ao capitão que agradeço a sua cooperação. Quanto à condessa... melhor esquecê-la!

– O crime senhor Conde... o crime é inesquecível e imperdoável!

Percebendo não haver a menor possibilidade de uma conversa equilibrada junto à genitora, Afonso beijou-lhe as faces, em sinal de despedida, dizendo-se cansado da viagem.

Retornando ao quarto, pretendendo descansar o corpo ao lado da esposa, encontrou Ofélia debatendo-se entre os lençóis de linho. Acudindo-a, aflito, abraçou-lhe o corpo trêmulo, no momento em que despertava sobressaltada.

– Afonso, graças a Deus, és tu quem está aqui!

– Quem poderias esperar que fosse, querida, a ponto de exasperar-te desse modo?

– A mulher de branco... ela... ela estava ensangüentada, acusando-me de sua desgraça.

– Foi um pesadelo, acredita!

– Sua voz era clara, desesperada...

– Deves estar ouvindo muito as histórias de Desirée! Assossega, estou aqui. Descansa um pouco mais, ficarei contigo.

Beijando-a calidamente, deitou-se ao seu lado, abraçando-a de encontro ao peito, adormecendo em seguida. Ofélia permaneceu de olhos fechados, aconchegada nos braços do marido, sem entretanto conciliar o sono. Não conseguia esquecer o rosto da mulher do sonho perturbador. Seus olhos irradiavam um ódio irascível e suas palavras, ferinas, continuavam a repercutir-lhe aos ouvidos.

Cautelosamente deixou o leito, certificando-se não haver incomodado o companheiro. Na cozinha, Maricá acabara de preparar uma sopa de legumes, oferecendo-a à patroa.

– Talvez mais tarde Maricá. No momento não estou com fome.

– Como não, se desde que chegaste não te alimentaste de nada! Sente o cheiro, está saborosa, garanto.

– Serve-me um pouco, pois sei que não vais desistir enquanto eu não aceitar a sugestão.

– Ótimo, não haverás de te arrepender!

A senhora Oliveira elogiou a refeição oferecida, mas recusou-se a repeti-la. Dialogou um pouco com a antiga serva, depois retirou-se para o jardim. A saudade de Ana Cecília voltava a incomodá-la, embora de forma mais amena. Sentiu vontade de visitar Desirée, mas as conversas desconexas da velha senhora desencorajaram-na. Queria ver Cândida e os sobrinhos, por isso, quando Afonso despertasse pediria que fossem fazer uma visita à casa da irmã.

Antes das dezenove horas chegaram ao centro da cidade de Setúbal, parando o coche frente à casa da família Damasceno.

O casal foi recebido com alegria por Carlos Borges, mais conhecido por Damasceno, por sua mulher e filhos. De imediato, a ausência de Maria Ângela foi percebida pelos recém-chegados.

– Nossa filha não suportou a saudade da prima e pediu-nos para deixá-la estudar na mesma instituição de nossa sobrinha – explicou Damasceno, enquanto separava uma garrafa do melhor vinho de sua adega.

Vislumbrando um ar de preocupação no semblante da irmã, Ofélia conduziu-a para outro recinto da casa onde pudessem conversar à vontade.

– O que houve? Damasceno e as suas aventuras novamente?

– Desta vez, o caso é muito sério. Por isso fiz questão de atender ao pedido de Maria Ângela. Não quero vê-la sofrer pelos desatinos do pai!

– Deves ter paciência, minha irmã. Damasceno, apesar de tudo, é um homem trabalhador, bom pai de família e bem sucedido na vida.

– Reconheço os seus valores, mas agora passou dos limites. Desta vez resolveu envolver-se com uma mulher casada. Fico a pensar o que irá acontecer quando o marido dela descobrir!

– Damasceno é leviano, porém não é louco. Mantém a calma, afinal, tu já conhecias o caráter de teu marido quando resolveste fugir para casar-te com ele. Não estou a te reprovar, apenas quero lembrar-te de que não desconhecias suas facetas de homem mulherengo. Agora, é esperar que se canse dessas aventuras. Uma coisa é certa: a família dele está em primeiro lugar, não te esqueças disso!

– Ah, esse homem! Até quando terei que aturar suas maluquices. Já não estou mais suportando suas traições.

– Conversa com ele. Faze-o ver que as crianças estão crescendo e o quanto isso poderá afetá-las em todos os sentidos.

– Tentarei, contudo confesso estar muito desmotivada.

– Não deves desistir. Quero agradecer-te por haveres concordado em enviar tua filha para junto da minha. Fico menos apreensiva sabendo estar a mesma em ótima companhia, assim, não se sentirá tão sozinha.

Abraçando-se, as irmãs retornaram para junto dos companheiros. Um pouco mais de prosa e o casal Oliveira despediu-se retomando, em seguida, o caminho de retorno ao lar.

A noite densa não impunha qualquer dificuldade ao deslocamento da condução conduzida por Afonso. Conhecia bem o caminho e o ar fresco da noite enchia-o de prazer. Ofélia, ao seu lado, nada temia, chegando a cantarolar uma canção romântica, enquanto o coche seguia, sem pressa, a estrada deserta, sob o brilho longínquo de milhares de estrelas parecendo guiar-lhes o destino.

Capítulo VI

HOMENAGEM À SANTA ISABEL

No Mosteiro de Santa Cruz, para onde fora encaminhado recentemente, Damian continuava o estudo de Teologia, sem deixar de lado os livros pertinentes ao curso de medicina dispostos na biblioteca. A forma que encontrava para minorar os seus conflitos íntimos era dedicar-se inteiramente aos estudos. Padre Selênio, seu amigo e confidente, cujo conhecimento sobre plantas medicinais – e a manipulação destas, propiciando o desenvolvimento de fórmulas empregadas no combate a diversos tipos de doenças – transcendia os domínios do mosteiro de origem, nas cercanias de Évora viera, a convite da instituição, implementar um herbanário.

O rapaz estava eufórico com chegada do velho amigo. Tendo adquirido maiores conhecimentos dentro da área científica, mais facilmente poderia assimilar a rica experiência do recém-chegado, facultando-lhe o aprimoramento dentro de um ramo que muito lhe agradava: a terapêutica natural.

Padre Selênio era um homem simples, dotado de um magnetismo incomum que fascinava os seus novos aprendizes. Ora extrovertido; ora circunspeto, reservado, recluso; por vezes apresentava uma personalidade simplória, cristalina; outras, misteriosa e enigmática. O seu olhar, embora sereno, parecia ter o poder de trespassar a alma humana, desvendando-lhes os segredos, apaziguando-a quando sofrida ou ansiosa, desconcertando-a, no entanto, se provida de sentimentos vis.

A ligação existente entre o padre e o noviço Damian ultrapassava os limites de uma simples amizade. Havia uma cumplicidade incomum, cuja maior conseqüência era o bem-estar que um proporcionava ao outro. Damiam reconhecia na assistência do amigo a base de sua maior força para levar adiante a sua destinação ao sacerdócio. Nele, conseguia renovar a esperança de encontrar êxito na difícil investida, de aliar o indesejável modo de viver à sede de tornar-se útil ao ser humano, curando-o dos males físicos, fortalecendo-o organicamente, ensejando-lhe melhor qualidade de vida. De outra forma, Padre Selênio admirava a disciplina de Damiam, a obstinação empreendida pelo jovem para vencer suas dificuldades e limitações e a determinação em transformar os seus conhecimentos básicos em patamares relevantes ao auto-aprendizado sobre o conhecimento médico-científico, almejando ajudar, como leigo, os que de seu auxílio necessitassem. Contudo, o sacerdote distinguia no rapaz outras qualidades, desconhecidas dele próprio que, se bem orientadas, poderiam proporcionar-lhe a realização dos anseios de tornar-se o instrumento sublime de atendimento ao próximo, doando não tão somente o tratamento físico, mas principalmente a sagrada essência do ser, o amor, nas suas diversas gradações e necessárias manifestações.

Concentrado, na pequena sala de estudo, embora o Padre Selênio vislumbrasse a possibilidade do desenvolvimento dos potenciais especiais de seu aluno predileto, previa, talvez por não desconhecer a impetuosidade por vezes incontrolável do rapaz, que este haveria de absorver o cálice amargo produzido pela irresponsabilidade humana, antes de encontrar o equilíbrio de suas forças psíquicas, inexploradas, e harmonizá-las com a Força Universal, segundo a qual toda a humanidade, sob sua influência, beneficia-se, colhendo as bênçãos da inesgotável fonte de energia cósmica.

A noite estava clara, serena, pontilhada de estrelas reluzentes, induzindo o coração solitário a idealizar o amor-paixão, na figura de uma ninfa misteriosa, cujos braços sequiosos de carinho despertavam a sensação mágica do desejo humano, que encanta e seduz o ser abrasado pela paixão desconhecida a entregar-se à imaginação de prazeres embriagantes, provocados pela mente ativa e criadora da espécie humana.

Havendo galgado o ponto mais alto e solitário do prédio constituído de tijolo maciço, próximo à torre de observação do mosteiro, Damiam entregava-se aos sonhos inebriantes, sentindo o corpo incendiar-se mediante o desejo louco de amar e ser amado, fitando as estrelas, como se cada uma delas fosse cúmplice dos seus desvarios, tornando-se sentinelas silenciosas, a resgatá-lo da prisão íntima, da qual escapara momentaneamente.

Não longe dali, Ana Cecília e Maria Ângela, isoladas da companhia das outras internas, após burlarem a vigilância rigorosa das irmãs encarregadas do cumprimento do horário de recolhimento ao descanso noturno, passeavam no pequeno jardim próximo à gruta que guardava a imagem da santa mãe de Jesus. Encantadas pela beleza da noite, conversavam baixinho para não serem descobertas desobedecendo às regras da instituição.

– Que noite maravilhosa, Maria Ângela! Quanta falta sinto dos meus pais!

– Também estou com saudades de casa, mas nesta noite, as estrelas oferecem um clima muito especial, não achas?

– Eu diria um encantamento, uma magia inexplicável. Uma noite igual a esta convida-nos a vivenciar uma grande paixão!

– Ótimo momento para levares os teus pensamentos a Ramiro Neto.

– Queres que te maldigas? Se fizeres outra brincadeira de mal-gosto, faço-te correr de imediato para cama!

– Desculpa, não pensei que fosses ficar tão mal-humorada!

– Estou falando de paixão, amor... e vens tu a me perturbares com a lembrança desta o-b-r-i-g-a-ç-ã-o... afetiva.

– Já me desculpei, portanto, mudemos de assunto.

– Não. Quero falar de paixão, do quanto anseio estar apaixonada, suspirando pelo homem amado...

– Hum! Pareces esquecer a triste experiência com Juarez Botelho!

– Vejo que estás disposta a aborrecer-me, hoje! Juarez foi só uma ilusão, uma burrice minha, nada mais que isso, mas ainda hei de viver essa grande paixão. Eu pressinto isso... posso até sentir o coração acelerar-se no peito ao fazer essa simples referência. Quero apaixonar-me, Maria Ângela! É o que mais desejo nesta vida. Odeio pensar na vida monótona das pessoas, mal se suportando dentro do lar. Não almejo isso para mim!

– Mas Ramiro não me parece uma pessoa repulsiva, ao contrário, ele encanta quem está à sua volta.

– Opinião ousada, a tua. Acho que te apaixonaste por ele.

Enrubescida, Maria Ângela rebateu a afirmação.

– Enlouqueceste? Ele é teu noivo!

– Pois abro mão disso, de todo o coração. Uma coisa é certa: não vou casar-me com Ramiro, não seria justo fazê-lo infeliz!

– Nem ao menos lhe deste a chance de conquistar-te.

– É possível que estejas certa, contudo, não desistirei de sonhar com aquele que virá ao encontro dos meus anseios de amor. Tu verás, eu prometo!

– Fico assustada contigo. Melhor nos recolhermos agora, antes da última conferência das irmãs nos dormitórios.

– Está bem, já sonhei demais por hoje.

Fitando mais uma vez o céu, fascinada pela multiplicidade de estrelas incandescentes, Ana Cecília suspirou longamente e, em seguida, acompanhou a prima para o interior do convento.

No dia imediato, durante a missa matinal, as internas foram orientadas quanto à procissão a ser realizada dentro em breve em homenagem a Santa Isabel. Durante o evento, a instituição receberia muitos visitantes, cabendo o encargo da organização dos festejos, neste ano, aos padres do mosteiro de Santa Cruz. A imagem da Santa, como nos anos anteriores, sairia do convento levada pelos noviços do mosteiro, prestes a tornarem-se padres, que conduziriam o cortejo pelo trecho tradicional, retornando à praça frente ao convento de Santa Clara, onde seria realizada a missa, na qual estaria reunida toda a comunidade cristã ligada à Igreja Católica.

O júbilo tomou conta das internas. Alunas e noviças traçavam planos de ação movidas por razões diversificadas. As primeiras entusiasmavam-se ante a possibilidade do contato direto com pessoas diferentes, após meses de reclusão; enquanto as outras, espiritualmente mais preparadas, deleitavam-se com a expectativa das bênçãos que receberiam diretamente do bispo, o maior representante de Deus, na cidade.

Maria Ângela não demonstrava qualquer entusiasmo ante ao esplendoroso acontecimento a ser concretizado, enquanto Ana Cecília parecia divertir-se com a situação.

– Imagina só! Teremos a oportunidade de ver caras novas, pessoas como nós, que trarão o mundo lá de fora para dentro dessas muralhas sufocantes!

– Que modos de falar, Ana Cecília! Faltas com o devido respeito a Deus.

– De forma alguma a minha sinceridade seria uma falta de respeito. Se é como dizem, Deus sabe o que se passa dentro do meu coração. Então, para que falsear as minhas palavras, quando Ele perceberia não serem verdadeiras? Teria validade mentir para agradar a Deus?

– E de que te vale desagradá-lo com os teus queixumes?

– O que há de errado em querer ver outras pessoas? Será que a reclusão está a te virar a cabeça?

– Evidente que não, contudo, considero de muita seriedade o acontecimento dos festejos da Santa para pensar nele como um evento comum, essencialmente social.

– Também reconheço a seriedade do mesmo, ao ponto de imaginar o número de pessoas a serem atraídas por ele. Mulheres sofridas, jovens e velhas beatas, enfermos de toda ordem, homens enganadores em busca de alívio à consciência... enfim, curiosos diversos, possivelmente interessantes!

– Chega de prosa, Ana Cecília. Apressemo-nos por terminar as nossas tarefas ou levaremos um pito da irmã superiora.

Os dias passavam rápido mediante a multiplicidade de afazeres nos preparativos para o sagrado evento. As freiras veteranas, como também as noviças, esmeravam-se na limpeza do convento, na organização dos jardins, cabendo às internas as tarefas menores, como a produção dos ornamentos a serem dispostos nos diversos compartimentos da instituição, a manutenção rigorosa quanto à organização dos refeitórios, das lavanderias e dos quartos de repouso.

Às vésperas do esperado acontecimento, Ana Cecília estava triste, não conseguindo conciliar o sono, pois a ocasião permitiria a visita de parentes e lamentava que nenhum dos seus entes queridos pudesse estar presente.

Conforme fora estabelecido pelos organizadores, o movimento no convento iniciou-se um pouco antes do horário habitual, ao amanhecer do dia. Na capela repleta de flores naturais, as freiras, as noviças e as internas reuniram-se em oração e emitiram hinos de louvores antes de assumirem as diversas atividades programadas.

Próximo das oito horas da manhã, as primeiras caravanas

de peregrinos davam início às visitações. Durante os dois dias precedentes ao da procissão, seria permitido às pessoas o trânsito por determinadas áreas do convento, normalmente mantidas isoladas, entre as quais as três capelas existentes, como também, o túmulo da venerada Santa.

Melancólica, Ana Cecília havia perdido o interesse inicial. Tanto Maria Ângela como outras companheiras não conseguiam reanimá-la. Disposta a não se deixar perturbar pelas colegas, recolheu-se em uma das capelas, a menor delas, pouco freqüentada pelos visitantes em face de sua discreta localização.

O pequeno genuflexório frente ao altar simples, singelamente adornado por algumas flores silvestres, estava vazio. Dois candelabros, contendo seis velas cada um, iluminavam o pequeno recinto. O banco rústico de cimento rente à parede de fundo, acompanhando a extensão da largura da mesma, também estava desocupado. Ana Cecília, satisfeita por haver encontrado o lugar perfeito para isolar-se, sentou na gélida bancada e, recostando o corpo na parede caiada, apoiou a cabeça no ponto de encontro desta com a parede lateral da pequena construção.

Algumas lágrimas rolaram sobre o rosto pálido, tristonho. Imersa em seus pensamentos, surpreendeu-se ante a entrada, inesperada, de um jovem noviço, indo postar-se no genuflexório à sua frente sem dar-se ao trabalho de averiguar o ambiente. Indecisa quanto a sair ou a permanecer no local, enxugou as lágrimas no alvo lenço retido entre as mãos. Não chegara a ver o rosto do moço ajoelhado diante do altar, contudo, podia captar-lhe o sofrimento íntimo, fazendo com que ficasse imóvel, observando-o, sem emitir qualquer ruído.

Decorridos alguns minutos, o noviço moveu a cabeça em direção a um dos candelabros, permitindo à Ana Cecília, por alguns segundos, perceber-lhe os traços do perfil harmonioso, que lhe deram a impressão de estar o moço muito angustiado. Retomando a postura anterior, alheio à presença da jovem, Damian concentrou-se em oração, dando vazão ao pranto silencioso, sufocando os soluços, os quais lhe faziam sacudir o corpo, discretamente.

Desconcertada, Ana Cecília intentou deixar o local, por sentir estar invadindo a intimidade do desconhecido, mas imaginou que qualquer movimento seu poderia chamar a atenção do moço e provocar um constrangimento muito desagradável entre ambos, razão por que continuou estática, olhos semicerrados, como se estivesse adormecida.

Passados alguns instantes, o noviço retirou-se da capela sem se dar conta da presença da moça. Ana Cecília ainda permaneceu no recinto, pensativa quanto ao motivo que levara o rapaz a chorar compulsivamente. Certa de que Maria Ângela pudesse estar à sua procura, decidiu ir ao seu encontro. No caminho, ao passar por um dos extensos corredores do convento, vislumbrou a figura frágil de um padre aparentando ter mais de sessenta anos de idade, cujo brilho do olhar lhe despertava determinada ternura à medida que se aproximava. Cumprimentou-o com um sorriso ao cruzar com ele e recebeu de volta, além da reverência feita com o movimento suave da cabeça, as doces palavras: "Jesus esteja contigo!".

Ao cair da tarde, na companhia de Maria Ângela e de outras colegas, Ana Cecília demonstrava estar mais descontraída. Cabia ao grupo, ao qual fazia parte, recepcionar os visitantes, guiando-os segundo os roteiros definidos pelos organizadores do evento.

O movimento de peregrinos era intenso, daí a necessidade de distribuí-los em turmas que se alternavam para visitação.

A permanência dentro do convento era limitada ao cálculo do tempo necessário para percorrer toda a rota planejada, permitindo, dessa forma, que um maior número de pessoas pudesse participar desse momento especial.

A comunidade do mosteiro de Santa Cruz encarregara-se da tarefa, controlando, rigidamente, a entrada e saída de cada grupo, dentro do período de tempo pré-estabelecido.

Após acompanhar centenas de peregrinos aos locais destinados às visitações, Ana Cecília estava exausta. O cheiro forte proveniente das incontáveis velas acesas nas proximidades do túmulo da Santa Isabel, fincadas na areia contida em caixotes de madeira, distribuídos nas laterais do extenso salão localizado na parte central do convento, provocava-lhe náuseas, obrigando-a afastar-se dos ambientes com maior concentração de resina queimada.

Recolheu-se novamente na pequena capela, a qual continuava livre da agitação dos fiéis fervorosos, deixando-se ficar à mercê do silêncio reinante. Respirando um ar mais saudável, aos poucos, recuperou-se do breve mal-estar. Após sentir-se completamente refeita, deslocou-se para a parte externa do ambiente, onde havia minúsculo pátio em forma de semicírculo, cercado por uma mureta, cuja finalidade era servir de assento para as alunas quando da necessidade de se fazer uma explanação ao ar livre. No mesmo instante em que se dirigia para o referido local, deparou-se com o noviço visto anteriormente na capela, indo na mesma direção do pequeno pátio. Desta vez, seus olhares se cruzaram e não puderam se furtar a um cumprimento formal.

Ana Cecília pensou em desistir de desfrutar da tranqüilidade do lugar e retornar para junto das colegas, contudo sua curiosidade em torno do rapaz fez com que se assentasse na mureta.

Damiam ficou desconcertado. Saíra em busca de um pouco de solidão e não contava encontrar com algum estranho, quase na hora do encerramento das visitas. A bata comprida, de cor negra, parecia pesar-lhe sobre os ombros. O rosto abatido e o olhar entristecido refletiam, nitidamente o seu estado de espírito. Embora lhe faltassem dois anos para fazer os votos formais para tornar-se um representante de Deus na Igreja, sentia-se inquieto, martirizado.

As palavras de estímulo do padre Selênio voltavam a perder a eficácia do primeiro momento, favorecendo o retorno das dúvidas quanto à sua inaptidão para o sacerdócio. A medicina continuava a ser o seu grande sonho. Além disso, outros fatores incompatíveis com a vida eclesiástica reacenderam os anseios inerentes ao homem comum, como a de constituir a sua própria família.

Embaraçado ante a presença da jovem de olhar cativante e de beleza incomum, não encontrava meios de evadir-se do local sem deixar uma impressão negativa de sua pessoa. Vencendo a timidez, consultou:

– É permitido a pessoas não pertencentes à instituição permanecerem neste local após o horário das visitas?

– Por tratar-se de um membro do Mosteiro de Santa Cruz e em razão das festividades do momento, sim.

– Espero não estar incomodando.

– Não te preocupes, eu já estava de saída.

– Por favor, queira estar à vontade! Não pretendo permanecer aqui por muito tempo.

Estudando a personalidade do rapaz e desejosa de penetrar em seus segredos íntimos, Ana Cecília insinuou com argúcia.

– Percebo-te triste. Algum problema te aflige?

Surpreso com a pergunta, o rapaz titubeou.

– Não, de fato estou bem. Contudo, não posso deixar de me comover perante o sofrimento de tantos peregrinos, hoje aqui presentes.

– Tens razão. Eles vêm de todos os lugares carregando suas dores, na expectativa de encontrarem neste local algo que lhes amenize o sofrimento.

– É contagiante a fé que trazem consigo.

– Embora muitos não alcancem o que procuram, acho válido o esforço empreendido em virem até aqui à procura de um pouco de paz.

– Paz... essa palavra, por vezes, parece-me irreal, distante, inalcançável...

– O que o leva a pensar assim?

– A própria vida. Talvez, por certo, deves ter um conceito próprio sobre ela.

– Acho que paz é um momento agradável, como agora, em que nossas palavras se completam, produzindo um enorme bem-estar.

A franqueza de Ana Cecília encabulou o rapaz, embora fizesse aumentar a simpatia nascida entre ambos. A conversa estendeu-se por mais de uma hora. Expuseram alguns pontos de vista sobre a vida, muitos dos quais afinados entre si; trocaram confidências de cunho pessoal, inclusive, o descontentamento do rapaz em tornar-se sacerdote, embora a moça tivesse mantido em segredo o seu inaceitável noivado.

O sinal para recolhimento das internas soou e os jovens viram-se obrigados a despedirem-se, a contra-gosto.

Contudo, no dia imediato, Damiam e Ana Cecília buscaram a companhia um do outro em várias ocasiões, movidos pelo desejo natural de conhecerem-se mais profundamente. O trabalho executado pelas equipes, embora exaustivo, permitia-lhes um contato ainda maior, proporcionando-lhes momentos muito agradáveis, os quais os levavam a esquecerem, temporariamente, os dramas íntimos.

Maria Ângela, mesmo no desempenho de suas funções, não deixou de perceber a ligação perigosa que nascia entre a prima e o jovem noviço. Conhecendo tão bem a amiga e companheira de tantos anos, não lhe foi difícil captar o interesse incomum que esta demonstrava pelo rapaz. Preocupada, procurou estar mais ao lado de Ana Cecília para tentar evitar um envolvimento embaraçoso entre ambos.

– Ana Cecília, – chamou Maria Ângela, na primeira oportunidade – gostaria de falar-te por um instante!

– O que houve? Estás tão séria!

– Estou temerosa com essa tua nova amizade!

– Nova amizade? Quem? O noviço?

– Exatamente. Pressinto surgir uma ligação muito forte entre ambos. Estão sempre juntos e a forma como se olham não deixa dúvidas do quanto um está encantado com o outro.

– Achas isso mesmo? – admirou-se a mocinha.

– Minhas conclusões pessoais baseiam-se nas evidências!

– Mas Damiam é só um amigo!

– É o que dizes a mim, todavia, o que insinua a ti o teu coração?

Ante a pergunta perspicaz da companheira, Ana Cecília baixou o olhar, enrubescida.

– Não posso evitar sentir-me bem ao lado dele.

– Pois então penses nas dificuldades futuras. Esse moço está destinado ao sacerdócio, e tu, ao casamento com Ramiro.

– Por favor, Maria Ângela! Não me venhas com sermões. Há entre mim e o noviço apenas uma afinidade saudável, nada comprometedora.

– Se não queres reconhecer o perigo que ronda os teus sentimentos, tudo bem, mais nada direi a respeito. Contudo, peço-te cautela quanto a esse envolvimento. És por demais impetuosa e isso pode trazer-te graves conseqüências.

– Agradeço-te a recomendação, mas fica tranqüila. Não há nada de errado comigo.

– Eu só quero o teu bem, minha querida! – disse quase em lágrimas a jovem de olhos graúdos, cílios longos, sobrancelhas perfeitas.

– Eu sei, meu bem! Prometo não dar razão para que teus temores continuem a existir.

Abraçaram-se comovidas e retornaram ao trabalho exaustivo a que se submetiam com satisfação. Ana Cecília, muito confusa em relação aos próprios sentimentos, ficou pensativa quanto às recomendações de Maria Ângela. Como seria possível alguém conhecê-la tão bem? Não havia dúvidas de que sua prima adentrara sua alma, percebendo-lhe a vulnerabilidade em que se encontrava. Maria Ângela fora capaz de identificar, antes dela própria, que o seu íntimo agasalhava um sentimento desconhecido, maravilhoso, cuja sensação transcendia às limitações das palavras comuns e do bom-senso.

Capítulo VII

ROMPIMENTO DOLOROSO

A estação outonal se fazia visível na vegetação parisiense. Na propriedade de Gaspar, as tílias balançavam-se ao sabor do vento frio, enquanto as folhas das castanheiras rareavam na copa das árvores, de galhos quase desnudos. A pequena estrada que dava acesso à propriedade cercava-se de verde ao longo do caminho, onde os pinheiros, em fileira dupla, assemelhavam-se a fiéis guardiões dos escassos transeuntes.

Contrastando com a construção antiga do castelo, residência de seu irmão, a arquitetura da habitação harmonizava-se com os inúmeros jardins da extensa propriedade, findando, ao sul, com um pequeno haras, no qual eram mantidos os animais prediletos da minúscula família.

Ofélia, sentada à varanda, coração oprimido, não se detinha na beleza do lugar. O marido saíra em companhia do irmão e, em meio à ansiedade torturante, contava as horas para o retorno ao lar. A contra-gosto acompanhara Afonso nesta viagem, a convite de Gaspar, para prestigiarem o evento, no qual as suas obras estariam expostas.

O quadro encomendado por Afonso estava em sua fase final. Sentia-se exausta e impaciente. As longas horas em que permanecera imóvel, à mercê do olhar minucioso do pintor e da destreza de suas mãos talentosas, pareciam-lhe séculos. Felizmente, os últimos retoques dependiam muito mais da habilidade do artista do que de sua colaboração pessoal. A gravidez, ainda não perceptível aos olhos, deixava-a mais indisposta e sensível.

O cunhado tivera o cuidado de enviar o filho, Rafael, para a sua propriedade campestre em companhia da serva Maria que o acompanhava sempre, como se fora a sua própria sombra. O moço amava o campo, por isso não estranhou a recomendação paterna em que permanecesse o maior tempo possível administrando a propriedade. Tal como o pai, tinha paixão pela pintura, estando quase a concluir seus estudos no Instituto de Belas Artes Parisiense. Jamais se separava do cavalete, telas, pincéis e tintas. A natureza, sua grande inspiradora, ajudava na produção dos quadros, ao oferecer-lhe belíssimas paisagens.

Um misto de tristeza e temor envolvia a senhora Oliveira. Quando a sós, aproveitava a oportunidade para visitar o quarto vazio do filho ausente, beijando-lhe as vestes dispostas no guarda-roupa, impecável, tomando em suas mãos alguns objetos pessoais, recolocando-os de volta após servirem de conforto para os seus brevíssimos devaneios maternos. Agora esperava outra criança, vindo a contradizer o diagnóstico do médico da família, atestando a infertilidade de Afonso como resultado da parotidite epidêmica (caxumba), anos atrás. O próprio médico admitiu tratar-se de uma possibilidade, visto verem-se frustradas outras tentativas de uma nova concepção desejada pelo casal. Surpreendidos pela agradável notícia, Afonso e Ofélia exultavam de contentamento ante a expectativa do nascimento de mais um filho.

A condução vista ao longe tirou Ofélia de sua abstração. O marido cumpria as últimas formalidades junto ao irmão antes de partir. À noite, os três jantariam num famoso restaurante. Seria a despedida do casal, com viagem marcada para o dia seguinte.

À medida que se aproximava o momento da partida, a senhora Oliveira sentia renovarem-se suas forças. Afonso estimou encontrá-la mais animada e com melhor disposição. Após o almoço sentaram-se na varanda em companhia de Gaspar que lamentou a partida, próxima, de ambos.

– Sentir-me-ei solitário novamente – comentou pesaroso.

– Esses dias foram maravilhosos, nem sei como agradecê-los.

– Não há o que agradecer – afirmou Afonso. – Mas por que não levas uma vida social como todo mundo?

– A sociedade parisiense é cansativa. Se me dispuser a comparecer a alguns eventos sociais, minha paz estará finda. Não, eu adoro essa tranqüilidade, não abro mão dela! O que me faz falta, de fato, é a presença de meus familiares.

– Não pensas em te casares novamente? És jovem, vigoroso e decerto Rafael não demorará a constituir sua própria família.

– Tens razão. Contudo, sou um homem muito sistemático, o que se constitui num grave defeito para a maioria das mulheres. Ademais, o meu coração não parece disposto a colaborar na escolha de alguém. Melhor será desistir da idéia.

Ofélia não teceu comentários. Saboreou o chá trazido por um empregado e pediu licença para descansar um pouco. Mal havia subido para o quarto ouviu um ruído semelhante ao provocado pela aproximação de uma condução. Sabia que Gaspar não estava à espera de ninguém, o que lhe fez sentir um certo mal-estar, colocando-se atenta. Sem o querer, recordou seus últimos dias no castelo, antes da viagem. Desirée, que há anos não deixava os seus aposentos, vestida de branco, fora abordá-la em seu quarto. Cabelos em desalinho, olhos vidrados, saliva espumante nos cantos dos lábios, vociferou ao vê-la: "És a maldita! Os teus dias estão contados nesta casa, minha casa! O cão raivoso será colocado diante de ti e sucumbirás ante ao remorso...". Gargalhando, a velha matrona desapareceu pelos corredores, ficando Ofélia estarrecida diante da situação. Quando reencontrou-a novamente, neste mesmo dia, após recuperar-se do susto inevitável, Desirée parecia não recordar-se de nada. Cabelos impecavelmente refeitos, sorriu-lhe ao vê-la chegar.

A senhora Oliveira, que sempre receara pelo estado de saúde mental da anciã, naquele instante, parecia deixar-se envolver pela mesma insanidade. As gargalhadas de Desirée pareciam ecoar naquele ambiente íntimo. Suas palavras repetiam-se: "o cão raivoso..., és a maldita..., jamais retornarás a esta casa...".

Colocando as mãos nos ouvidos, sentada sob o leito, Ofélia tentava controlar-se. Ao entreabrir a porta, identificou vozes desconhecidas procedentes do andar inferior. Fechou-a novamente. Em sua intranqüilidade, questionava o porquê de sentir-se acuada por um tormento não identificado? Voltando para o leito, como se buscasse um refúgio seguro, em face a um perigo iminente, aguardou ansiosa.

A porta, finalmente, abriu-se e diante dela surgiu a figura de Afonso. Seu rosto refletia um ar misterioso, terrificante. Ao fitá-lo, Ofélia teve a impressão de estar diante de um homem com mais de dois metros de altura. Talvez por sentir-se fragilizada, à beira de um colapso nervoso, achava-se tão diminuída diante daquele a quem amava desesperadamente. A voz de Afonso soou grave, quase ameaçadora.

– Vem, Ofélia, temos uma grande surpresa para ti. O filho de Gaspar retornou e quer conhecer-te.

Tornando-se lívida ante o convite do marido, levou as mãos ao rosto, inadvertidamente. Afonso intercedeu como se lhe adivinhasse os tormentos.

– O que houve, querida, não te sentes bem?

A custo, a bela senhora conseguiu responder:

– Nada de mais... . Descerei em seguida.

Não havia dúvidas de que a expressão de Afonso denotava grande contrariedade. A presença de Rafael, com certeza, despertara-lhe suspeitas sobre algo que não conseguia entender. Ao dar a notícia da chegada do moço, quis observar a reação da esposa, não lhe passando despercebido a perturbação desta.

A angústia estabelecida no peito de Ofélia sufocava-a e trazia-lhe desânimo. Sentia-se perdida. A hora do seu calvário chegara, finalmente. O corpo trêmulo, pernas enfraquecidas, impediam-na caminhar com naturalidade. Alcançando os primeiros degraus da escada quase chegou a desfalecer, agarrando-se firme ao corrimão. Lá embaixo, as armadilhas do destino aguardavam-na para oprimi-la, sem compaixão.

Os três homens conversavam na sala de visitas. Ao vê-la, o marido foi ao seu encontro, oferecendo-lhe o braço, numa atitude cortês e cuidadosa. Gaspar endereçou-lhe um olhar aflito. Ofélia compreendeu sua inocência diante da situação. Os dois cavalheiros levantaram-se à sua chegada. Rafael ficou pasmo diante da beleza da tia. Beijou-lhe a mão delicada, enquanto se perguntava de onde poderia conhecê-la. A semelhança entre ambos era inexplicável, gerando um clima constrangedor para todos. Gaspar tomou a palavra para elucidar os acontecimentos.

– Houve um problema na fazenda. Uma de nossas éguas favoritas está tendo um parto difícil e Rafael veio em busca de socorro. O marechal-ferrador que assiste os nossos animais partiu tão logo recebeu o chamado de meu filho. Sabendo-os aqui, resolveu ficar para conhecê-los.

Reunindo todas as forças que lhe restavam, Ofélia conseguiu pronunciar-se, sofreando a emoção.

– É um enorme prazer conhecer-te, Rafael! Meu cunhado fala muito sobre ti, é teu grande admirador!

– Fizeram um grande bem ao meu pai vindo visitá-lo. Quem sabe assim possa sair do isolamento em que vive.

A expressão sincera de Rafael comoveu a senhora Oliveira. Incapaz de desviar os olhos do rosto do filho, continha o impulso de abraçá-lo efusivamente. A aparência física do moço colocava-lhe à frente da figura graciosa de Ana Cecília. Os mesmos olhos, o sorriso semelhante, até o modo de falar lembrava a mocinha tão amada. O silêncio de Afonso transmitia-lhe amargo significado. Não havia como fugir-lhe a uma explicação plausível, dolorosa. Restava-lhe, somente, aguardar por um milagre, vindo em forma de perdão do homem a quem se entregara por inteiro.

Com uma desculpa, Afonso retirou-se para o quarto sendo seguido pela esposa. Na intimidade do confortável ambiente, o senhor Oliveira pronunciou-se com gravidade:

– A natureza, por mais caprichosa que pudesse ser, não poderia gerar, casualmente, três seres tão semelhantes, sem que houvesse a intervenção da genética humana.

Armando-se de coragem, Ofélia deu início à longa e penosa narrativa sobre o passado distante. Entremeados de pranto convulsivo, os fatos foram sendo expostos, desencadeando uma avalanche de contradições nos sentimentos de Afonso.

Soluçando sobre o leito, Ofélia aguardava o seu veredicto, depois de encerrar o seu dramático depoimento. Afonso chorava, torturado pela dor dilacerante, abrindo-lhe chagas profundas no peito indefeso, imerso a questionamentos afligentes.

"Como pudera ser tão vil a mulher que amava perdidamente? Por que lhe ocultara, por tantos anos, toda a verdade? Se fosse inocente lhe teria relatado a sua desventura. Não, o amor de sua mulher era tão falso como a própria vida que vivenciaram até ali. Usou-o, certamente, para vingar-se de Gaspar, a quem amara verdadeiramente. Agora entendia a sua perturbação frente a presença de seu irmão. Como fora tolo durante tanto tempo! Ofélia não merecia o seu perdão, deveria abandoná-la ao seu próprio destino. Quem sabe, agora, poderia desfrutar do grande amor perdido na juventude?"

Os pensamentos invadiam a mente de Afonso sem que conseguisse evitá-los. Ferido no seu amor-próprio, resolveu partir tão logo amanhecesse o dia, sozinho, deixando a mulher aos cuidados de seus anfitriões. Conhecedor dos hábitos do irmão, imaginou que pudesse estar em seu aposento, preparando-se para levá-los ao restaurante de sua preferência, conforme o combinado.

Tomado por uma fúria, incontida, provocada pelos ciúmes corroendo-lhe a alma, Afonso segurou firme o braço da mulher. Ergueu-a do leito e arrastou-a até o quarto de Gaspar. Abrindo a porta, sem antes bater como de costume, adentrou o recinto confortável, arremessou a esposa sobre o leito macio, cuidadosamente arrumado, expressando-se com veemência, completamente fora de si:

– Já estou ciente de tudo, Gaspar! Ei-la aqui. É a ti a quem ela ama, portanto, o meu único desejo é o de que possam recuperar o tempo perdido.

Estupefato, Gaspar intentou acalmá-lo.

– Espera um pouco, meu irmão. Estás sendo precipitado quanto ao teu julgamento. Tua esposa é uma mulher digna e honesta, não merece ser destratada por ti. Reflite melhor sobre tudo o que aconteceu!

– Não há o que pensar. Dói-me o sacrifício que fizeram por tantos anos. Agora estão livres para viverem esse grande amor. Assim que chegar a Setúbal, oficializarei a separação. Partirei amanhã cedo e desde então, sepultarei o passado. Tudo o que diga respeito de minha maldita união com esta mulher, será por mim esquecido para sempre.

– Por Deus, Afonso. Estás indo longe demais em tua insanidade. Ofélia nutre por tua pessoa a mais sincera afeição, és o único amor de sua existência. Além disso, esqueces algo importante: ela está esperando um filho teu!

– Quem poderia afirmar ser esse fato uma realidade confiável? Esta senhora engravidou à época em que estiveste em nossa casa, e eu, até pouco tempo era considerado estéril pelo médico da família. Estive fora enquanto estavas lá, gozando de toda minha confiança. Quem sabe não serás tu o responsável por essa milagrosa fecundação?

– Isso é um absurdo! – retrucou Gaspar, empalidecendo ante a acusação do irmão. – Jamais seria capaz de desonrar o teu lar!

– Estás sendo verdadeiro, meu irmão? Negas desejares esta mulher a ponto de cometeres uma loucura!

A certeza manifestada na afirmação de Afonso perturbou Gaspar.

– Tua mulher jamais seria capaz de cometer a maldade que lhe atribuis. Estás cego pelo orgulho e não consegues racionar com clareza!

– Chega de palavras vãs. A partir deste momento, ambos estão mortos para mim. Deixarei esta casa imediatamente. O ar que aqui respiro é sufocante. Devem esquecer que eu e Ana Cecília existimos. Quero preservar minha filha, conservando-a alheia a essa realidade monstruosa e aviltante.

Sem mais palavras, Afonso deixou o aposento batendo a porta atrás de si. Ofélia não reagiu às ofensas do marido, deixando-se tomar pelos soluços convulsivos. Após a saída do irmão, Gaspar, aturdido com a situação, tentou acalmar a cunhada em desespero.

– Tem paciência com teu esposo. O tempo fará com que reconheça o quanto errou ao julgá-la levianamente.

– Enganas-te. Conheço o homem com o qual vivi durante todos estes anos. Jamais recuará de sua decisão. Está tudo perdido!

Afagando-lhe os cabelos, o pintor puxou-a de encontro ao peito. Fragilizada, Ofélia não resistiu à manifestação de afeto do cunhado. A atitude carinhosa de Gaspar serviu-lhe de amparo, embora o desconsolo lhe turvasse o raciocínio. Segurando o rosto da mulher amada com uma das mãos, Gaspar fitou seus olhos em meio às lágrimas incontidas, beijando-lhe suavemente os lábios frios, inertes. O estado mórbido em que se encontrava impediu-a reagir. A paixão agasalhada no peito daquele homem marcado pelo destino emergiu avassaladora. À sua frente, encontrava-se o grande amor da sua vida, vencida, desarmada, gélida como o mármore. Ainda assim, o contato daqueles lábios, embora inexpressivo, incendiou-lhe o corpo trêmulo e desejoso, voltando a beijá-la, criando a imagem mental de ter ao seu alcance uma mulher dócil, à mercê dos seus carinhos.

Ao soltar o corpo de Ofélia, este tombou sobre o leito como se fosse um objeto inanimado. Gaspar, arrependido do ato insano, ficou preocupado.

– Ofélia, perdoa-me!

A mulher de seus sonhos continuava prostrada, imóvel. A fraca respiração era o único indício de que estivesse viva. Após várias tentativas de reanimá-la, Gaspar deixou o quarto em busca de socorro. Rafael encarregou-se de chamar um médico, enquanto Maria, a ex-serva de Ofélia, foi buscar entre seus pertences uma espécie de ungüento, espalhando-o nas têmporas da senhora Oliveira. Comovida ante a presença da antiga patroa, orava baixinho, rogando pela recuperação da amiga, que se encontrava num estado de profunda letargia.

Tomado pelo desespero e intenso desgosto, Afonso deixou a residência do irmão sem se despedir de ninguém, não levando em conta os momentos difíceis vivenciados pela mulher que acabara de abandonar.

O exame médico constatou que o estado em que Ofélia se encontrava devia-se à forte comoção das últimas horas, devendo-se aguardar a reação natural de seu organismo físico.

Ao reabrir os olhos, mente confusa, Ofélia deparou-se com o rosto aflito de Rafael à sua cabeceira, sem se dar conta da presença de Maria, chorosa, no lado oposto de onde se encontrava. Em meio à dor torturante, o coração da senhora Oliveira encheu-se de ternura ao vislumbrar a figura do filho, cujo único contato fora por ocasião do seu nascimento. Emocionada, estendeu-lhe a mão trêmula, a qual o moço segurou suavemente, beijando-a em seguida.

Os soluços de Maria chamaram a atenção da antiga companheira que a recebeu nos braços em meio a grande comoção. Foram minutos de intensa realização para os três, durante os quais o passado distante trouxe ao presente toda a alegria do reencontro, tantas vezes sonhado por ambas, cujo destino unia novamente após angustiantes anos de separação.

Rafael Albuquerque, recentemente inteirado da situação, deixava que as lágrimas fluíssem livremente e percorresse o rosto de traços suaves, completamente seduzido pela figura materna. Penalizado pelo desfecho infeliz provocado pelo seu retorno inesperado, não ousava pronunciar qualquer palavra, entregando-se, completamente, à satisfação de estar ao lado de alguém a quem julgava amar desde todo o sempre.

Capítulo VIII

A FUGA

No convento Santa Clara, irmã Dirce, visivelmente preocupada, conduzia a figura simpática do padre Selênio pelo corredor que dava acesso aos dormitórios das internas. Fazendo-o adentrar num dos alojamentos, indicou o leito onde Ana Cecília jazia, queimando em febre.

Aproximando-se, o ancião tocou a testa da enferma adormecida, provocando-lhe leve estremecimento. Nesse instante, a jovem abriu os olhos e os fechou, em seguida, conservando a respiração ofegante.

O padre, mantendo-se sereno, tomou-lhe o pulso e observou o rosto pálido da moça, cujos lábios contraíam-se involuntariamente. Voltando-se para a religiosa ao seu lado, indagou:

– Há quanto tempo encontra-se neste estado?

– Desde essa madrugada. Ela estava bem até quando recolheu-se para o repouso noturno. Em meio à noite, acordou sobressaltada, soltou um grito e em seguida adormeceu novamente. Uma das alunas foi chamar-me. Quando cheguei para ver do que se tratava, encontrei-a neste estado.

– Ela chegou a falar sobre o que aconteceu?

– Nenhuma palavra. Nem mesmo sua prima Maria Ângela, a amiga inseparável, conseguiu fazê-la sair deste estado de semi-inconsciência. Não é estranho?

Calando-se por um instante, o padre pediu que a irmã providenciasse uma chávena com água quente, chumaços de algodão e álcool.

Ao ficar a sós com a jovem, padre Selênio voltou a segurar o pulso da enferma com uma das mãos enquanto espalmava a outra acima de sua fronte. Olhos semicerrados, o religioso, bastante concentrado, proferiu fervorosa prece, movendo os lábios embora nenhum som fosse emitido. Em alguns minutos, Ana Cecília agitou-se no leito. A cabeça movia-se de um lado para o outro, enquanto o corpo parecia entrar em convulsão. Mantendo a mesma postura, o padre continuava a pronunciar palavras que pareciam chegar ao consciente da jovem que reagia com estertores. Passado o primeiro momento de grande agitação, a mocinha pareceu tranqüilizar-se, voltando a respirar com regularidade.

O ancião, vendo-a asserenar-se, tomou uma toalha próxima ao leito e enxugou-lhe o rosto molhado de suor. Neste momento, Irmã Dirce retornava com o que lhe fora solicitado, depondo a bandeja com o material sobre uma mesa pequena, localizada a um canto do quarto.

Padre Selênio retirou do bolso da batina um frasco de cor escura e derramou algumas gotas da solução contida no mesmo dentro da chávena com a água escaldante. Aguardou um pouco, enquanto embebia os chumaços de algodão com o álcool, colocando-os sobre a testa da enferma e sob as suas axilas.

O rosto de Ana Cecília retomava a cor normal, embora continuasse adormecida. Após fazer várias aplicações com os chumaços de algodão, o padre, suavemente, chamou-a pelo nome.

A jovem, agora consciente, tentava descerrar as pálpebras, conquanto estas lhe pesassem além de sua capacidade de obedecer ao comando recebido.

– Ana Cecília, – continuou o padre, seguro de si – abra os olhos para a luz.

Irmã Dirce orava sem compreender o mal súbito que se abatera sobre a jovem.

Finalmente, a voz pesada de Ana Cecília pôde ser ouvida:

– Tenho sono...

– Já descansaste o suficiente – retorquiu o religioso, voltando a tocar-lhe o pulso.

– Tenho sede...

A irmã, atenta aos acontecimentos, providenciou o copo contendo água fresca.

O ancião tomou o corpo da moça, erguendo-a do leito até o ponto necessário para pousar-lhe sobre os lábios o vasilhame com água. Após alguns goles, Ana Cecília reabriu os olhos. Muito enfraquecida, voltou a deitar-se. Padre Selênio insistiu em fazê-la despertar.

– Quero ajudar-te a recuperares as energias, porém terás que ingerir uma medicação preparada por mim. O gosto não é dos melhores, entretanto, o resultado é bastante satisfatório. Concordas?

Balançando a cabeça afirmativamente, a jovem, auxiliada pela religiosa, sorveu a substância oferecida pelo padre.

Em poucos instantes, suores abundantes inundavam-lhe as vestes, enquanto um rubor acentuado estampava-se na face, cujo semblante estava descontraído.

– Traga-lhe outras vestes – solicitou o padre à sua acompanhante.

Irmã Dirce não se deixou demorar. A sós com a moça, ajudou-a a trocar-se e, em seguida, mudou os lençóis da cama após instalar Ana Cecília na única poltrona existente no modesto quarto.

Quando o padre retornou ao ambiente, Ana Cecília dirigiu-lhe um breve sorriso.

– E então, como te sentes neste momento?

– Muito bem disposta. Não entendo a insistência da Irmã Dirce em manter-me na cama.

– São medidas de segurança em relação à tua saúde.

– Mas já disse que estou ótima!

– Pois muito bem. Após te alimentares convenientemente

poderás retornar tuas atividades normais, Contudo, tenta lembrar do que aconteceu durante o teu descanso noturno.

Depois de breve reflexão, Ana Cecília relatou suas impressões, evitando descrever a sensação martirizante de se ver fora do corpo.

– Tive pesadelo e uma enorme falta de ar. Soltei um grito pensando estar a morrer sem a assistência de ninguém. Depois disso, acho que adormeci novamente.

– Certamente, – concordou o padre – no entanto, foste acometida por uma febre muito alta, por essa razão fui chamado pela irmã superiora.

– Estou a lembrar de tê-lo conhecido durante os festejos de Santa Isabel!

– Oh, sim, tens razão. Um encontro breve no corredor, estou certo?

– Isso mesmo. Mas o que és então: um padre ou um médico?

– Sou um servo de Deus e um estudioso da ciência natural, ou seja, dedico-me a retirar da natureza raízes e plantas capazes de curar determinados males.

– Posso considerar-me curada?

– Completamente – afirmou o padre disfarçando a sua preocupação íntima.

– Dize, pois, à irmã Dirce, que posso sair do quarto.

– Ela concordará após o teu desjejum, combinado?

Depois de deixar o convento, o padre dirigiu-se para a sala destinada às suas pesquisas, no mosteiro de Santa Cruz. À porta, deparou-se com a figura ansiosa de seu pupilo predileto.

– Algum problema, Damiam?

– Soube que estiveste no convento para atender a uma das internas. É verdade?

– Sim, é verdade. Mas qual o motivo de tanta aflição?

Olhando à sua volta, Damiam pediu para que entrassem no ambiente de estudo. Captando-lhe a angústia íntima, o padre consultou-o.

– A quem buscas: o padre ou o pesquisador?

– O amigo.

Pela expressão do rapaz, o ancião compreendeu a gravidade do assunto.

– Podes abrir o coração, meu jovem, estou à tua disposição!

– Não sei como agradecer-te a atenção. Sei o quanto andas ocupado ultimamente!

– Chega de rodeios, Damiam, dize logo o que te aflige!

– Não é tão simples... eu... Padre, estou apaixonado por uma das internas do convento de Santa Clara.

O olhar sereno do amigo e confidente encorajou-o a prosseguir.

– Estou disposto a abandonar o mosteiro, vou desobedecer aos impositivos de meu pai!

– Posso compreender-te. Também tive a tua idade!

– Não vais, pois, condenar-me?

– Condenar-te? Ouve, Damiam, a juventude, por vezes, assemelha-se a um barco em meio a tempestade, à mercê dos ventos e das adversidades. Se o barco não sucumbir ante à tormenta, voltará a navegar com tranqüilidade.

– Pensei que fosses tentar dissuadir-me da idéia.

– Tenho acompanhado o teu desenvolvimento ao longo do tempo em que estivemos juntos. Não és mais o jovem inexperiente e atormentado de outrora. Tiveste um grande progresso nos estudos, e firmaste um caráter maduro, pouco comum nas pessoas de tua idade. Quem poderia negar-te o direito de buscares, em ti mesmo, as respostas que sempre perseguiste em teu viver? O próprio homem é o grande construtor de seu destino. Deus dá-lhe, como suporte, a inspiração Divina; cabe a cada um estabelecer as diretrizes do caminho a ser seguido, em consonância com a compreensão que se tenha daquilo que se almeja alcançar, e quais meios devam ser utilizados para atingi-los.

– Tuas palavras têm o poder de acalmar-me. Entretanto, considero-me insensato.

– Em vez de te lastimares, procura nos recônditos de tua alma saber de tua natureza íntima, para então reconheceres a melhor forma de servires a Deus.

– Procurarei seguir os teus conselhos. – Em seguida, perguntou: – Qual jovem necessitou de cuidados no convento?

– A bela moça chama-se Ana Cecília.

Empalidecendo, Damiam inquiriu o amigo levado por crescente inquietude:

– Que mal a perturbava?

– Febre repentina, inexplicável.

– Está melhor agora?

– Completamente sã.

– Graças a Deus! – pronunciou o rapaz, libertando-se das apreensões.

– Pelo que observo, trata-se de tua amada, pois não? – acrescentou o padre em tom complacente.

Damiam confirmou, evitando o olhar indagador do ancião.

– Tens mais a me falar filho?

Esse tratamento paternal sempre fazia cair por terra as resistências do rapaz, frente a assuntos melindrosos. Baixando os olhos, retomou a palavra.

– Ana Cecília espera uma criança, padre. Tenho que desposá-la o quanto antes.

O semblante do religioso alterou-se da serenidade para a

estupefação. Não imaginava que o envolvimento dos jovens houvesse chegado a tal circunstância.

– Tens certeza do que estás a dizer? – balbuciou, preocupado.

– Fomos imprudentes, reconheço. Espero que possas perdoar-nos!

– A mim, não cabe julgá-los nesse momento. Terás, agora, de agir com muita prudência para solucionar essa situação um tanto... desastrosa!

– Tenciono viajar a Setúbal e falar com os pais de Ana Cecília.

– O que sabes sobre a família da moça?

– O pai é tão intransigente quanto o meu. A mãe, uma doce senhora, mas completamente submissa ao marido.

– Se esse é o perfil da família, a jovem pode ter sido enviada ao convento por razões disciplinares.

– Assim o é, de fato! Ana Cecília rebelou-se contra o noivado que lhe foi imposto pelos pais.

– Santo Deus, a situação é muito grave! A moça tem compromisso com um noivo, e tu, com a Igreja!

– Padre Selênio, reconheço que não agimos de forma correta, todavia, estamos convictos de que desejamos ficar juntos!

– Não é minha intenção censurá-los, mas não posso deixar de pensar nas inevitáveis conseqüências! Quem é o noivo da jovem e a qual família pertence?

– Ana Cecília recusa-se a falar sobre o assunto. Acha desnecessário revelar-lhe o nome, uma vez que não o ama.

– Desculpa, mas não concordo com essa omissão. Afinal, isso não impedirá que as famílias envolvidas sofram menos. A propósito, a moça está de acordo com as tuas pretensões de dirigir-te aos pais dela?

– É totalmente contra. Tem receio de que a obriguem a tomar os votos de religiosa, após verem frustradas suas determinações iniciais.

– Deixo-te livre para tomares a decisão adequada. Recolher-me-ei, em oração, em meus aposentos. Amanhã tornaremos a falar sobre o caso.

Maria Ângela encontrou a prima bem disposta, passeando no jardim interno da instituição. Embora a aparência saudável, a jovem apresentava sinais de preocupação.

– O que há contigo? Pareces inquieta!

– Vou precisar de tua ajuda novamente. Preciso falar com Damiam.

– Ana Cecília, essa loucura poderá ter um fim muito desagradável!

– Contarei ou não com o teu auxílio? – atalhou Ana Cecília, ansiosa por uma resposta positiva.

– Farei o que me pedires, mas estou apreensiva.

– Também estou, entretanto, é urgente o que tenho a tratar com o homem a quem amo.

– Minha querida, podes estar enganada quanto a teus sentimentos. Lembras-te de Juarez?

– Cala-te, Maria Ângela! Como podes não compreender a diferença? Damiam é parte de minha alma. Ao lado dele, tudo me parece acessível, enquanto o simples pensamento de uma possível separação faz-me descer ao mais profundo abismo.

– Não será muito alto o preço que deverão pagar por abdicarem de seus compromissos, o que infligirá muito sofrimento a terceiros?

– Estás a censurar-me, querida prima?

– Ana Cecília, estou pensando em todos os envolvidos, principalmente, em teus pais!

– Achaste justo, portanto, o que fizeram comigo?

– Os filhos devem obediência aos pais! Pensa melhor, não tomes decisões precipitadas.

Baixando a voz, a jovem herdeira dos Oliveiras falou quase em sussurros:

– Estou grávida, Maria Ângela!

Como atingida por um raio, os grandes e luminosos olhos da graciosa mocinha cravaram-se no rosto de sua acompanhante.

– Por Deus, dize não estar falando a verdade!

– O meu amor pode Damiam transcende o limite da razão. Nós vamos fugir para bem longe. Um lugar onde ninguém nos alcance. Somente tu saberás.

– Que loucura! Quando pretendem partir?

– Ainda não sei, manter-te-ei informada. Agora, responda-me, posso contar com a tua ajuda?

Maria Ângela abraçou a prima, beijando-lhe a testa, enquanto continha as lágrimas prestes a prorromperem, aliviando-lhe a angústia retida no peito. Com a voz calma, afirmou.

– Sempre haverás de contar com o meu apoio. Não sei se te faço mal em assim proceder, contudo, se tua felicidade depender de meus feitos, não hesitarei em auxiliar-te.

A cidade dormia quando os jovens amantes encontraram-se no lugar habitual, uma casa abandonada, próxima ao convento de Santa Clara.

– Meu querido, quanto ansiei por este momento!

Um beijo ardente foi a resposta obtida por Ana Cecília. Seduzidos pelo poder mágico da paixão que os envolvia não perceberam que o tempo disponível para o encontro estava prestes a esgotar-se. Saciados, descansaram sobre o leito improvisado, compondo-se de surrados tapetes e diversas mantas estendidas sobre o assoalho rústico, de granito.

– O que decidiste? – consultou a jovem visivelmente preocupada.

– Falarei com teus pais.

– De nada adiantaria, posso afirmar-te. Precisamos partir para longe. O Brasil, por exemplo. Lá teríamos muito mais chances de recomeçarmos nossa vida sem a interferência de ninguém.

– Talvez possas estar certa. Entretanto, não posso desligar-me da Igreja sem uma permissão, por escrito, de meu pai. Por temer que eu desistisse do noviciado, fez essa exigência à instituição que me acolheu.

– Se teu pai não abre mão de suas intransigências em relação a ti, resta-nos uma única alternativa: a fuga.

– Cuidarei das medidas a serem tomadas. Providenciarei os documentos necessários para o nosso empreendimento.

– Como pretendes agir?

– A missão de fazer visitas à população menos favorecida economicamente ampliou-me o número de pessoas conhecidas. Sei a quem recorrer, não te preocupes. Agora, partamos, que o dia está quase a surgir.

Horas mais tarde, finalizadas as atividades matinais, Damiam foi ao encontro do amigo e conselheiro relatar-lhe os seus planos.

– Padre Selênio, eu e Ana Cecília chegamos a uma conclusão. Deveremos partir para o Brasil, nos próximos dias.

Deixando a leitura que fazia num volume grosso, de páginas amareladas pelo tempo, o padre acariciou o jovem com o olhar.

– Rogo a Deus complacência para ambos. Que possam reparar com boas ações o desgosto que vossos familiares sorverão brevemente, constituindo um lar cristão baseado nos valores morais ditados pelo evangelho. Quando pretendem partir?

– Hoje, pela manhã, tomei as primeiras providências. Em poucos dias, estaremos com os documentos em ordem. Resta-nos organizar os pertences pessoais a serem transportados.

– De quanto, em dinheiro, dispõem para essa aventura?

– O suficiente para a viagem. Ana Cecília dispôs as suas jóias para serem vendidas. Amanhã receberei o dinheiro do comprador. Tenho, também, alguma economia. Na nova terra não será difícil conseguir um trabalho.

– É um empreendimento muito arriscado para dois fugitivos inexperientes e sem recursos financeiros!

– O futuro não nos assusta, desde que estejamos unidos pelo nosso amor!

– Acredito que a vida de ambos não se baseia numa simples retórica, contudo, necessitarão de muito mais do que apenas o suficiente para atravessarem o oceano.

– Não há outra alternativa, padre. O tempo urge, não podemos nos demorar!

– Decerto que não, – concordou o ancião – portanto, acompanhe-me aos meus aposentos, meu rapaz.

Damiam seguiu o amigo conservando-se em silêncio. No interior do ambiente modesto, o padre assegurou-se de que a porta estivesse aferrolhada. Indicou a Damiam uma cadeira de madeira, e dirigiu-se para um baú de médio porte, próximo à cama de colchão de palha, recoberta por alvo lençol. Retirando a chave do bolso da batina, abriu o antigo depósito, parecendo não ser violado durante muitos anos, retirando de dentro dele uma caixa que, pelo esforço empreendido para transportá-la até pequena mesa, parecia bastante pesada.

Da pequena janela do quarto provinha a luminosidade necessária para clarear o ambiente. O velho padre chamou o rapaz com um gesto, sendo atendido de imediato. Ao mostrar o conteúdo da caixa para Damiam, este o fitou sem compreender.

– Isso deverá ajudar-te – afirmou o sacerdote.

Jóias belíssimas, moedas de ouro e um envelope amarelado pelo tempo compunham a pequena fortuna que o sacerdote designava ao estupefato rapaz.

– Desculpa-me, padre, mas não posso aceitar tal oferta!

– Não se trata de uma oferta e sim, de um direito. Esta caixa pertence a ti. Fui, durante todos estes anos, o guardião deste pequeno patrimônio. Tua mãe encarregou-me de passar às tuas mãos quando viesses a necessitar. Parecia adivinhar que jamais serias um sacerdote. Acho o momento bastante oportuno. Entretanto, faço-te um pedido muito importante. Há entre os teus pertences uma carta de Anastácia, que somente deverá ser lida quando estiveres devidamente estabelecido no novo mundo. Portanto, cumpra, pois, essa minha observação e esforça-te por conservares a tua maior riqueza desta vida: a dignidade.

Agradecido e bastante curioso, Damiam deixou a companhia do amigo e dirigiu-se para o seu dormitório. Guardou a caixa entre os seus objetos pessoais, tendo o cuidado de não deixá-la à vista. Pensativo, jogou-se sobre o leito, aproveitando estar sozinho naquele momento.

Não tinha dúvidas quanto ao seu amor por Ana Cecília, mas, no íntimo, uma dor torturante o inquietava inexplicavelmente. Sempre sonhara em deixar a instituição, constituir uma família e formar-se médico. Entretanto, às vésperas de concretizar alguns de seus sonhos, sentia-se amargurado, intranqüilo. O seu incômodo, talvez, fosse proveniente do sofrimento que iria causar a seus familiares.

Qual seria a reação de Dom Ramiro quando soubesse da verdade? Sua mãe, decerto, não o condenaria, como também, os seus irmãos. Entretanto, o olhar severo do pai, retido na memória, parecia persegui-lo, acusando-o, implacável.

Passada uma semana, Maria Ângela esforçava-se para conter as lágrimas. Abraçou, pela última vez, a prima antes que esta tomasse a condução parada à porta do convento. Cerrou a pesada porta de madeira e esgueirou-se na escuridão da noite até alcançar o dormitório. Silenciosamente, penetrou o recinto tomando o seu lugar num dos leitos disponíveis. Olhou a cama vazia de Ana Cecília e conteve os soluços. Não podia chorar naquele momento, pois se o fizesse ninguém acreditaria que não conhecesse a intenção de fuga da mocinha.

No refeitório, as internas estranharam a ausência de Ana Cecília. A própria Maria Ângela consultou a Irmã Dirce sobre o paradeiro da jovem. Após o desjejum, algumas freiras e outras internas, entre as quais a prima da desaparecida, iniciaram as buscas. Ao verificarem o dormitório, onde a jovem estava instalada, perceberam que os pertences da moça haviam sumido.

– Ana Cecília fugiu! – afirmou Lúcia, uma das internas.

Iniciou-se um grande alvoroço na instituição. Ninguém sabia dizer qualquer coisa a respeito, nem mesmo a amiga inseparável, Maria Ângela.

Irmã Guadalupe, pessoalmente, fez questão de interrogar as internas, uma a uma. Nenhum sucesso, todas pareciam surpresas ante a terrível realidade.

Finalmente, Maria Ângela pode dar curso às lágrimas, representando muito bem o papel de estar inocente perante os fatos.

Em face à grave situação, irmã Guadalupe, a superiora, empreendeu viagem em companhia de Maria Ângela para comunicar à família de Ana Cecília sobre os últimos acontecimentos.

O coche parou em frente à casa da família Damasceno. Uma criada veio abrir a porta. Maria Ângela sustinha a respiração, ao imaginar que o pior momento estaria por vir, quando tivesse que enfrentar a presença dos tios. Cândida surpreendeu-se com a visita inesperada, abraçando a filha de encontro ao peito, concluindo que a presença da irmã superiora em sua residência significava algo grave.

– O que houve? – perguntou, finalmente, assustada, após acomodar numa poltrona macia a ilustre visitante.

Tomando um suspiro profundo, irmã Guadalupe expôs à sua interlocutora a penosa situação.

– Inacreditável tal acontecimento, irmã! Ana Cecília não deixou nenhum bilhete, carta, nada? – indagou fitando a filha com severidade.

A mocinha sustentou o olhar da mãe para provar sua inocência.

– Ana Cecília portava-se estranhamente nos últimos dias – acrescentou a superiora – mas não deixava suspeitas quanto às suas intenções.

– E quais as tuas impressões sobre tua prima, minha filha? Nenhuma palavra que pudesse justificar o seu feito?

– Conheces o temperamento de tua sobrinha, minha mãe. Sua determinação não se deixa abalar por ninguém. Se viesse a mim, poderia colocar em risco os seus planos, portanto, resolveu agir por si mesma. Coitada, por isso parecia tão assustada, ultimamente!

Cândida começou a chorar convulsivamente.

– Minha pobre irmã! Como irá reagir a mais este rude golpe?

Maria Ângela inquiriu preocupada.

– O que aconteceu a minha tia Ofélia. Está doente?

– Ela e Afonso... oh, meu Deus! Que desgraça!

Atônita a mocinha insistiu:

– Fala logo. O que há com meus tios?

– Eles brigaram... Estão separados!

– Virgem Santíssima! – exclamou irmã Guadalupe, movimentando o dedo polegar sobre a testa, em forma de cruz.

– Separados? – repetiu Maria Ângela, incrédula.

Evitando tocar no assunto tão íntimo na presença da visitante, Cândida finalizou com uma desculpa.

– Depois da partida de Ana Cecília, os dois não mais se entenderam, até chegarem à situação atual. E agora, essa notícia...

– O que devemos fazer nesse momento? – interrogou a freira, muito apreensiva.

– Aconselho-te, irmã, tomares um banho para tirar a poeira da estrada e descansares um pouco após alimentar-te convenientemente. Considera cumprida a tua missão perante a nossa família. O dever de comunicar os tristes acontecimentos à minha irmã e ao meu cunhado caberá a nós. Não te preocupes!

– Comunica-lhes, também, que as autoridades locais já foram informadas e estão tomando todas as medidas possíveis para localizarem a tua sobrinha.

– Por ora, cuidarei em preparar uma boa refeição. Maria Ângela ficará encarregada de indicar-te o quarto de hóspede. Os lençóis estão limpos e existem toalhas de banho disponíveis no armário.

No dia imediato, irmã Guadalupe despediu-se agradecendo a boa acolhida. Não podia demorar-se por mais tempo, visto os compromissos na instituição sob sua guarda. Qualquer nova informação sobre o paradeiro de Ana Cecília seria comunicada imediatamente por meio de mensageiro contratado.

Maria Ângela permaneceu na companhia dos pais e irmãos. Voltaria a freqüentar o antigo colégio, na sua cidade natal. Ainda abalada pela fuga de Ana Cecília, agora se preparava para reencontrar a tia, tão querida, tão merecedora do seu carinho e afeto.

O remorso instalava-se no peito da jovem sobrinha de Ofélia. À sua frente, Cândida e Damasceno traziam as fisionomias sobrecarregadas de preocupações. Os irmãos ficaram em casa aos cuidados da serva de confiança da família. A condução seguia vagarosamente por um caminho contrário ao que levaria ao castelo. Maria Ângela tomara conhecimento que Ofélia estava habitando outra propriedade pertencente ao casal Oliveira.

A cerca de madeira, em péssimo estado de conservação, encontrava-se com os portões abertos. A propriedade era extensa, embora até pouco tempo estivesse em completo abandono. O pomar, mal cuidado, destoava dos canteiros floridos, recém-plantados nas proximidades da casa.

Um belo jovem surgiu à soleira da porta principal que dava acesso à varanda espaçosa em frente da casa tipicamente campestre.

Os três visitantes foram muito bem recebidos por Rafael que encantou-se com a presença da prima Maria Ângela. Após adentrarem a residência esmeradamente limpa, embora bastante simples, depararam-se com a figura abatida de Ofélia, cuja gravidez iniciava o sétimo mês.

Apesar do sofrimento a consumir-lhe o íntimo, a senhora Oliveira continuava bela, altiva, conservando a mesma postura digna de tempos atrás. Surpreendida ante a presença de Maria Ângela, quase desfaleceu de contentamento.

– Que bons ventos te trazem, minha querida. Deus ouviu as minhas preces em proporcionar-me tamanha felicidade!

O coração de Maria Ângela acelerou-se no peito. Abraçou fortemente a tia, enquanto lançava um olhar suplicante em direção aos pais.

Damasceno pigarreou, como a buscar coragem para iniciar o grave assunto.

– Querida cunhada, – mencionou cautelosamente – precisarás ser muito forte para suportares as notícias que não serão muito de teu agrado.

Empalidecendo, Ofélia tomou lugar no amplo sofá escuro, ao lado da sobrinha.

– Aconteceu algo grave à minha filha?

– Procura manter a calma – continuou Damasceno, escolhendo palavras para relatar os fatos. – Ana Cecília fugiu do convento, não se sabe para onde. A polícia está investigando.

– Oh, meu Deus, eu temia que isso viesse a acontecer!

Ofélia sentia o peito oprimir-se. A dor instalada no íntimo, sufocava-a, sem que conseguisse chorar. Novamente a sensação de febre tomava-lhe o corpo fazendo-a estremecer.

Imediatamente, Rafael trouxe-lhe uma porção calmante receitada pelo médico que a acompanhava nos últimos dias. A medicação era feita de extratos de plantas, que atuavam no sistema nervoso sem contra-indicação para o bebê. A senhora Oliveira recostou a cabeça sobre o encosto macio do sofá e procurou controlar e emoção, conforme orientação do doutor.

Passado o pior momento, Ofélia pediu que a deixassem a sós com Maria Ângela. Recompondo a respiração, Ofélia iniciou a falar, procurando manter-se serena.

– Minha querida sobrinha, – a jovem senhora suspirou fundo e prosseguiu corajosamente – já deves estar sabendo sobre a desgraça que atingiu a mim e ao Afonso. Posso garantir-te que minha vida se mantém pela existência de meus filhos Ana Cecília, Rafael e este, ainda por nascer. Não vou exigir-te uma confissão, pois sei o quanto és fiel à tua prima, e deves ter-lhe dado a tua palavra quanto ao silêncio a ser mantido. Contudo, como mãe, em estado de desespero, rogo-te um único sinal para apaziguar minha alma, preste a sucumbir em meio a tantos tormentos.

Impressionada com os dizeres de Ofélia, Maria Ângela baixou os olhos, vacilando entre permanecer calada ou não. Evitando fazê-la sentir-se mal, por ver-se obrigada a quebrar uma possível promessa, a tia prosseguiu convincente.

– Apenas um gesto teu poderá minorar a minha agonia. Nada direi a quem quer que seja, podes ficar tranqüila, basta-me que digas: ela está bem?

Balançando a cabeça afirmativamente, a jovem jogou-se nos braços de Ofélia que a amparou agradecida.

– Confio em ti, sei que a amas muito e não haveria de querer o seu mal.

– Tia... , eu não posso...

A senhora Oliveira atalhou-a:

– Não é preciso dizeres mais nada, a não ser que a vida de minha filha esteja em perigo. Está?

Os olhos brilhantes de Maria Ângela tranqüilizaram sua interlocutora.

– Está tudo bem, não vou massacrar-te com perguntas indevidas. Quando puderes, dê-me notícias. Tenho certeza de que Ana Cecília prometeu comunicar-se contigo!

Aliviada, Ofélia beijou as faces da sobrinha.

– Assossega, meu anjo, sei qual é o valor de uma palavra empenhada. Admiro-te mais ainda, mas não esqueças de me alertar ao menor sinal de risco que possa atrapalhar a felicidade de minha filha.

Maria Ângela estava surpresa com a percepção de Ofélia. Livre da sensação angustiosa provocada pelo remorso, expressou-se com sinceridade.

– Lamento pelos últimos acontecimentos que mudaram o rumo de tua vida, porém, estás de parabéns pelo belo filho que tens. É o retrato vivo de Ana Cecília.

– Concordo contigo. Pelo menos, Deus reservou-me esta bênção!

O sol começava a aquecer a vegetação verdejante em volta do castelo habitado pelo senhor Oliveira, quando Carlos Damasceno desceu do coche no pátio interno da propriedade, outrora, feliz.

Recebido por Maricá, que não acompanhara a sua patroa para continuar cuidando de Desirée, a cada dia mais agitada, Damasceno foi encaminhado à sala particular de Afonso. Havia uma atmosfera de tristeza entranhada nas paredes cinzentas da habitação, agora mais austera.

Profundas olheiras circundavam o olhar circunspecto do proprietário. Cumprimentando, cortês, o visitante inesperado, pensou tratar-se de nova investida de reconciliação por parte da família de sua esposa.

Após inteirar-se dos fatos, Afonso deixou os braços caírem ao longo do corpo. Barba crescida, cabelos em desalinho, tomou o restante de vinho contido na taça à sua frente e comprimiu a cabeça entre as mãos, desabafando.

– Preciso ver tua filha!

– Ela está muito abalada com os acontecimentos e já nos disse tudo o que sabia.

– Damasceno, não estás compreendendo. A tua filha é a única fonte de informação de que disponho para tentar reaver o único ser que me resta na face da terra.

As palavras de Afonso comoveram o coração de Carlos Damasceno, contudo, os rogos de Maria Ângela voltaram-lhe a mente.

– Peço-te um pouco de paciência. Maria Ângela encontra-se enferma. Dorme mal, não tem se alimentado a contento, enfraquece a olhos vistos.

– Estimo a melhora da menina. Quando estiver recuperada, prometa-me um encontro com ela.

– Tens a minha palavra.

Despediram-se, sem que o nome de Ofélia tivesse sido pronunciado em nenhum momento. A exigência partira do próprio Afonso, em encontros anteriores.

Quando retornou ao lar, encontrando a mulher e os filhos a esperá-lo, Damasceno reconheceu não haver felicidade maior do que o aconchego da família. Abraçou-os, como nunca o fizera antes, chegando a emocionar-se com o próprio gesto. Assustada, Cândida quis saber a razão das lágrimas do marido. Acalmando-a, Damasceno explicou.

– Ao ver Afonso tão deprimido, arrasado, ao verificar o sofrimento tenaz de Ofélia, fico imaginando o quanto sou feliz tendo a minha família ao meu lado.

Sensibilizada, Cândida abraçou-se ao marido, seguindo juntos para o interior da casa, acompanhados dos filhos menores.

À tarde, a senhora Damasceno convidou a filha Maria Ângela para fazerem uma visita à Ofélia. Havia preparado uma torta de pêssegos cristalizados, a preferida de sua irmã mais velha, e queria fazer-lhe uma agrado.

Maria Ângela exultou de felicidade. Colocou um vestido azul claro, comprido, moldando-lhe a silhueta delgada, cujo decote discreto mostrava parte do colo de pele alva, perfeito.

Ao chegarem à porta da nova residência de Ofélia, Rafael veio ao encontro de ambas. O sorriso largo, os lábios grossos e bem delineados, os cabelos castanhos e o olhar desprovido de mistério compunham o semblante agradável do jovem que gentilmente ofereceu os braços para as duas damas, conduzindo-as para o interior da residência.

A partir desse dia, o filho mais velho de Ofélia passou a

buscar a companhia de Maria Ângela com regularidade. Enquanto ocupava-se em dar apoio à mãe, prestes a dar à luz, sempre encontrava um momento para visitar a residência da moça, levando-a a passear pelos arredores de sua atual moradia, no coche destinado pelo senhor Oliveira, a atender às necessidades da ex–mulher.

De temperamento alegre, olhar divertido, o moço comprazia-se observando Maria Ângela debater-se entre as borboletas esvoaçantes à sua volta, enquanto transitavam entre os canteiros floridos cuidados por Ofélia.

Há uma semana, Maricá tivera permissão de Afonso para juntar-se à antiga patroa. Luiza tomara-lhe o lugar nos afazeres domésticos, como também, na assistência à Desirée. Enrolando os bolinhos de fubá, que em breve iriam para o forno, apreciava através da espaçosa janela da cozinha os movimentos dos dois jovens entre os jardins. Admirava-se do quanto o rapaz a fazia lembrar de Ana Cecília, a criança meiga e pertinaz, que tomara nos braços ao nascer. Uma saudade amarga encheu-lhe o peito e as lágrimas afloraram-lhe nos olhos obrigando-a interromper, momentaneamente, a tarefa.

Rafael e Maria Ângela, de mãos dadas, encaminharam-se para a ampla varanda, em frente à fachada principal da casa, agora, abandonada pelos raios solares. Sentados na mureta que a circundava, conversaram sobre vários assuntos. O rapaz demonstrava enorme curiosidade a cerca da irmã desaparecida. Maricá dissera-lhe o quanto o senhor Oliveira consumia-se tentando encontrá-la, inutilmente.

– E minha tia, como tem suportado ao rude golpe? – interrogou Maria Ângela, com os lindos e brilhantes olhos fixos no rosto suave de Rafael.

– Minha mãe é uma mulher extraordinária. Quanto mais a conheço, mais aumenta o meu amor por sua pessoa.

– Não guardas, então, mágoas do passado?

– Maria Ângela, podes não acreditar, mas tive uma existência feliz. Reencontrar minha mãe e estar em contato com a outra realidade da vida, fez-me renascer novamente. É estranho pensar como tudo aconteceu, todavia, sinto-me inteiramente feliz ao lado dela!

A noite escurecia no horizonte quando o filho de Ofélia reconduziu a prima até a residência da mesma. Ao retornar, encontrou a mãe sentada na poltrona da sala, com os pés apoiados em pequeno móvel de madeira. Semblante cansado, a bela dama encontrava-se nos primeiros momentos da luta que empreenderia até o nascimento do bebê.

– Estás a sofrer? – inquiriu o jovem amargurado.

– Dentro da normalidade. As contrações iniciaram, mas a experiência de Maricá como parteira nos diz que ainda vamos esperar um pouco.

– O médico! Vou chamá-lo imediatamente.

– Não é o momento oportuno.

– Mas temos que avisá-lo para ficar de prontidão.

Forçando um sorriso, Ofélia tentou acalmar o filho.

– Fica tranqüilo! Doutor Lucas aguarda o nosso chamado a qualquer instante. Maricá dirá quando deverás partir à sua procura.

Calando-se, para não contrariar a mãe, o rapaz caminhava nervosamente pela casa. Encontrando Maricá envolvida em colocar grande quantidade de água para ferver, consultou-a intrigado:

– Não achas que estamos perdendo um tempo precioso, aguardando, enquanto ela sofre?

– Deves ficar calmo, Rafael. Já assisti a muitas mulheres na hora do parto e sei quais providências tomar.

– Mas ainda há pouco observei-a encurvar-se ante uma crise de dor...

Sem interromper seus afazeres, Maricá respondeu calmamente:

– É assim mesmo. Não poderia ser de outra forma. Ela vai ter um bebê, esqueceste?

– Maricá, também já acompanhei o nascimento de muitos filhotes das éguas na fazenda. As situações são semelhantes. O processo desenvolve-se naturalmente, entretanto, posso pressentir quando um caso complicado se apresenta.

Maricá impacientou-se:

– A quantas mulheres assististe parir?

– Nenhuma... mas...

– Então, assenta-te em algum lugar e não me atrapalhes a agir!

Ofélia ora caminhava, ora tentava permanecer sentada, sem o conseguir. Levava as mãos aos quadris e procurava ocultar a dor lacerante a irromper-se naquela região. Maricá fazia-lhe massagens, contudo as dores voltavam, cada vez, mais fortes. Cansado da espera exasperante, Rafael galgou um dos animais que estava com as rédeas presas ao galho baixo de um pessegueiro e partiu a galope, retornando mais tarde, em companhia do médico.

Era madrugada, quando insistentes batidas com a haste de ferro preso ao portão de madeira maciça, ecoaram no interior do castelo. Com relativa demora, um servo, com um candelabro nas mãos e fisionomia sonolenta, apareceu à porta. Tentando identificar o visitante noturno, o homem de meia idade, levantou o pequeno foco de luz para melhor dissipar a escuridão da noite. Visualizando o rosto aflito de um jovem desconhecido, perguntou com cismas.

– O que desejas a esta hora da noite, cavalheiro?

– Desculpa o horário inoportuno, contudo, necessito falar com o teu patrão.

– Sinto muito, porém não posso incomodar o senhor Afonso sem saber do que se trata.

– É muito urgente... a senhora Ofélia está enfrentando um parto difícil e pediu para que eu viesse buscá-lo. Ela corre risco de vida!

– Virgem Santíssima, espera um instante. Vou chamá-lo, imediatamente.

Reaparecendo em companhia de Afonso, o servo retirou-se, deixando os dois homens a sós. Iluminado o rosto do rapaz com o candelabro que lhe fora entregue por Francisco, o dono da casa reconheceu o sobrinho. A escuridão da noite impediu que o jovem percebesse a palidez que a sua presença provocara na figura austera do tio parada à sua frente.

– Disseram-me que tinhas um assunto urgente a tratar.

– O doutor Lucas enviou-me. A senhora Oliveira está prestes a dar à luz. Sua vida está em perigo e pediu para ver-te.

Os músculos da face de Afonso contraíram-se. Trajado como se houvesse acabado de chegar de um passeio social, embora os amassados das vestes denunciassem que havia adormecido sem trocá-las, prontificou-se a acompanhar o rapaz.

– Partamos! – proferiu em tom seco.

Dirigindo-se ao estábulo, montou um animal, mesmo sem sela, e colocou-se a caminho ao lado de Rafael sob a escuridão da noite.

Um silêncio profundo envolvia a propriedade, onde o coaxar dos sapos, à distância, entoava um coro melancólico fazendo aumentar a angústia íntima de Afonso. A iluminação vinda dos diversos cômodos da casa e o cavalo parado à frente da moradia eram indicadores de que o médico não se ausentara do local. Adentrando o ambiente modesto, contrastando com o luxo reinante no interior do castelo, o coração do senhor Oliveira apertou-se, à medida que avançava em direção a parte íntima da casa. Próximo ao quarto, no qual se encontrava a ex-mulher, deparou-se com o médico, visivelmente extenuado, contudo, tranqüilo.

– E então, doutor, o que tens a nos dizer? – perguntou Afonso, pela primeira vez, demonstrando a angústia que o consumia.

Tranqüilizando-o com o olhar, o amigo bateu-lhe no ombro.

– Felizmente, ambos estão fora de perigo. Parabéns! É um belo garoto, de fortes pulmões!

– A mãe não corre mais nenhum risco de vida?

– A providência Divina veio em nosso socorro. A criança não estava bem posicionada, além de ser bastante desenvolvida. Ofélia sofreu muito. Chamava por ti o tempo todo. Temi por sua vida. A recuperação dela se dará gradativamente. Perdeu muito sangue e agora dorme profundamente o sono dos justos. Vem, ainda assim, poderás certificar-te de como está passando neste momento.

Um tanto indeciso, Afonso acompanhou o velho amigo para o interior do quarto.

Ofélia, envolta por alvos lençóis, apresentava um semblante sereno, embora a visível palidez das faces. Maricá segurava o pequeno fardo como se fosse um tesouro. Aproximando-se de Afonso, com a criança ao colo, este afastou-se, demonstrando total desinteresse em vê-la.

Ao despedir-se do médico e amigo, Afonso prontificou-se em assumir todas as despesas com o parto. Abraçando-o cordialmente, doutor Lucas Macedo respondeu-lhe:

– O dinheiro aqui não conta, meu caro! Ainda estou sob a influência deste nascimento que se deu por um milagre. Sinto-me inteiramente recompensado por haver sido um precioso instrumento perante Deus em relação à vida dessas duas criaturas tão amadas por todos nós. Pagar-me-ás comparecendo à minha residência para festejarmos esse vitorioso acontecimento e colocarmos os assuntos em dia. O vinho é por sua conta! – finalizou, disfarçando não haver percebido a indiferença do amigo em relação ao recém–nascido.

Após a saída do médico, Afonso dirigiu-se a Rafael, contendo, a custo, o impulso de correr para junto de Ofélia.

– Partirei agora, visto a minha presença não ser mais necessária. Faço questão de que nada falte a esta senhora. Amanhã, encarregarei um servo de trazer mantimentos variados e uma quantia, em dinheiro, para sua manutenção.

– Agradeço-te a proposta, contudo, os bens de minha mãe lhe são suficientes para a sua subsistência e de seu pequeno rebento. Se a vontade que tens de atravessares aquela porta, e de tomares nos braços a mulher que amas, como também o filho adormecido ao seu lado, for menor que o orgulho que agasalhas no peito, responsável pela infelicidade de ambos, então vai e segue o teu caminho. Não faltarão à Ofélia o carinho e o amor necessários à sua recuperação.

Contendo-se para não lançar ao rosto do rapaz suas desconfianças sobre a paternidade do pequenino, Afonso partiu, encolerizado.

A cavalgada noturna ajudava-o a acalmar-se. O rosto pálido da esposa adormecida, perseguia-o ao longo do percurso. Sentia ímpetos de retornar àquela casa e reconduzir a mulher e o filho de volta ao castelo. Um filho! Quanto o desejara durante toda a vida, embora o amor dedicado à Ana Cecília.

Entretanto, era-lhe impossível esquecer o passado e convencer-se de ser o pai daquela criança. E se realmente o fosse? Seria justo sacrificar a felicidade de todos, em razão de um passado distante e de uma desconfiança, talvez, infundada, esquecido de tudo o que havia construído de bom ao lado da companheira, sempre digna, com a qual vivera, há tantos anos, imerso em tranqüila felicidade? Em que se transformara a sua existência! Num punhado de mágoas alimentadas pelo orgulho cego, a imputar-lhe constante agonia e a perda total da razão de viver!

A solidão angustiante fustigava-lhe a alma caprichosa trazendo-lhe novos questionamentos, antes, nunca imaginados. O animal, submisso a seu comando, parecia compreender as suas necessidades mais íntimas, mantendo a constância do galope sem se deter ante as sombras fantasmagóricas provocadas pelo movimento impreciso da vegetação nativa sob a ação do vento.

Afonso não sentia sono. Ansiava correr, fugir para tão longe, onde ninguém pudesse perturbar-lhe a paz, há muito perdida. Entretanto, sabia que não existia um lugar distante o suficiente para fazê-lo livre da dor do arrependimento e capaz de anular-lhe os tormentos, a cada dia mais insuportáveis. Por orgulho destinara a única filha à clausura, da qual escapara sem se saber o destino tomado. O mesmo orgulho inflingia-lhe, agora, o mais cruel dos castigos: a perda da mulher amada. Por que não se curvar frente aos fatos e admitir que fracassara mediante a força do sentimento a prevalecer, contrapondo-se ao ódio que ansiava sentir, libertando-se deste martírio interminável? Não, por mais que o quisesse, não conseguira expulsar o amor nutrido por Ofélia; reconhecia amá-la acima de si mesmo, por isso não se permitia perdoar a grande responsável pela destruição da imagem impecável que tinha de si próprio.

Quando retornou do passeio da madrugada, o sol iniciava a iluminar, palidamente, as paredes acinzentadas do austero castelo. No interior da extravagante moradia, Afonso dirigiu-se para a área interna, encontrando Luísa a regar os jardins plantados pela esposa. Os caramanchões floridos trouxeram-lhe novas lembranças da mulher amada. Olhou a janela, vazia, do quarto da filha e sentiu o coração disparar no peito, ansioso, imaginando-a acenar-lhe sorridente, como costumava fazer quando o avistava em companhia da mãe. Mais a frente, a janela de seu quarto. Quantas vezes Ofélia lhe dirigira um olhar amoroso daquele vão cuja luz da manhã o atravessava alegremente! Passando as mãos pela farta cabeleira, o senhor Oliveira enclausurou-se em sua sala particular. As lembranças de Ofélia e Ana Cecília estavam entranhadas em cada recanto da residência, agora, sombria. Retirou do armário uma garrafa de vinho e encheu o copo de metal sobre a mesa. Em pouco tempo, consumira todo o conteúdo do vasilhame escuro. A cabeça pesava-lhe, o raciocínio apagara-se; vencido pela exaustão orgânica, adormeceu debruçado sobre a fria escrivaninha.

Uma gargalhada terrificante fê-lo estremecer. Tentou mover-se, no entanto o corpo não obedecia a ele, permanecendo inanimado, apesar da lucidez de seu consciente.

"Assassino!" – uma voz feminina acusava-o implacável. Quis erguer a cabeça, mas Afonso não conseguia vencer o torpor a envolvê-lo completamente. A presença da exaltada intrusa provocava-lhe um certo temor. Ele, um homem destemido cuja determinação impunha respeito a qualquer pessoa, preso a tormentos do desconhecido! Que mulher ousava acusá-lo, levianamente, em sua própria casa? Por que o ruído de passos, imprecisos, próximos de si, eram-lhe audíveis sem que, no entanto, alcançasse mover qualquer músculo do corpo? A sensação desagradável de sentir-se ameaçado fê-lo reunir todas as forças para reagir à inércia. Olhou em volta, ainda confuso, e nada constatou de anormal. Decerto, a bebida havia-lhe provocado uma espécie de alucinação. Sim, isso fazia sentido. Descrente de toda e qualquer ação que pudesse suscitar algo irreal, deu o caso por encerrado, mesmo que as palavras ouvidas há pouco ressoassem-lhe nitidamente nos ouvidos ocasionando-lhe certo desconforto.

A conclusão era simples: deveria recolher-se ao seu aposento e tentar recompor o sono da noite anterior. Após a décima segunda hora do dia seguinte, os criados estranhavam o repouso prolongado do patrão.

O sol forte penetrava o recinto bem cuidado quando o senhor Oliveira reabriu os olhos. A fraqueza do corpo concomitante à forte cefaléia deixaram-no indisposto. Vencendo as dificuldades momentâneas, sentou-se no leito levando a mão à cabeça. Encheu o copo com água contida no pequeno recipiente de argila e bebeu-a de uma só vez.

Pelas longas horas passadas em adormecimento profundo, perdera a noção do tempo. Alguém entrou no quarto enquanto se dirigia à janela. Irritou-se com a ousadia de quem viera perturbar-lhe a intimidade. Voltando-se, visivelmente contrariado, deparou com a figura de uma mulher de olhar cruel, cabelos longos, desalinhados, caindo-lhe sobre o rosto pouco perceptível, cujos lábios, desguarnecidos de cor, moviam-se como se articulassem palavras, inaudíveis, embora Afonso pudesse compreender-lhes o sentido. A visão desfez-se em segundos... Estaria ficando louco tal qual Desirée? Perplexo diante da bizarra situação, o homem levantava hipóteses sem chegar a qualquer resposta satisfatória.

Convencido, finalmente, de haver sido vítima de um breve

delírio, motivado pela solidão em que se encontrava, Afonso resolveu assumir as tarefas diárias, o mais rápido possível. Antes, como costumava fazer, reviu a mãe constatando estar tudo bem. Beijando-lhe a face, o senhor Oliveira afastou-se pensativo, enquanto Desirée continuou a dormir profundamente.

O dia amanhecera fechado. Nuvens pesadas pairavam no céu cinzento, prenunciando o temporal prestes a cair. Trovões ribombavam no espaço enquanto descargas luminosas riscavam o infinito, vertiginosamente. Ofélia embalava o pequeno Pedro ao colo como a protegê-lo da fúria da natureza. Maricá retirava a roupa do varal quando o cavalo, cujas rédeas prendiam-se a uma árvore, lutava por soltar-se, assustado com os estampidos ensurdecedores.

Depondo a roupa numa tina de madeira, a serva procurou socorrer o animal, tentando colocá-lo no pequeno cercado, localizado nos fundos da propriedade. Da janela da cozinha, Ofélia observava a luta de Maricá para conduzir o fogoso eqüino a lugar seguro, quando novos trovões ecoaram no espaço. Levado pelo pânico, o cavalo empinou três vezes, fazendo a mulher cair ao solo, e saiu em desabalada carreira.

Aflita, a senhora Oliveira agasalhou o pequeno fardo no bercinho de vime e correu ao encontro da amiga. Chovia torrencialmente. O animal continuava a correr sem destino certo. Maricá, sentada ao solo, esforçava-se por levantar sem obter êxito. As dores no tornozelo torcido eram-lhe insuportáveis. Enquanto empreendia nova tentativa para erguer-se, mãos delicadas vieram auxiliá-la a ficar de pé.

– Senhora! – exclamou em tom de censura. – O resguardo... esta chuva poderá afetar tua saúde.

– Nada acontecerá, assossega! Apóia-te em mim e caminhemos devagar.

– Posso seguir sem a ajuda de ninguém, garanto-te. É, pois, imprescindível que te vás.

– Fica calada e segue as minhas orientações. Não temos tempo a perder.

A caminhada até a casa foi realizada com muita dificuldade. A chuva forte, o terreno irregular e escorregadio exigira um esforço enorme das duas mulheres. Assentando Maricá numa cadeira de palha e descansando-lhe o pé machucado sobre pequena mesa deslocada para este fim, Ofélia tomava providências para acudir a amiga.

Envolvida na assistência à companheira de longos anos, Ofélia demorara-se para retirar as vestes encharcadas pela chuva. De madrugada, calafrios acometeram-lhe o corpo prenunciando um forte resfriado.

O entorse no tornozelo esquerdo de Maricá dificultava-lhe a locomoção. Levantara-se no horário habitual e resmungava contra as tiras de panos, com as quais a patroa tentara imobilizar-lhe o pé machucado, pois que estas dificultavam desenvolver suas tarefas com maior mobilidade. Que tolice! – maldizia, mas a dor intensa no local machucado fê-la desistir de retirar as ataduras.

Capítulo IX

MOMENTOS ANGUSTIANTES

Fitando o rosto do pequeno Pedro adormecido em seus braços, Maria Ângela recordava o cálido beijo que Rafael lhe dera no momento de sua partida de retorno a Paris. Prometera voltar, tão logo encerrasse os seus compromissos mais urgentes, com o propósito de continuar a dar assistência à pequena família que passara a amar de todo o coração.

Pela primeira vez, a mocinha sentia-se ligada afetivamente a um rapaz. Passava horas recordando os momentos vividos ao lado de criatura tão envolvente, enquanto suspirava ansiosa pelo seu regresso. Ofélia e Cândida aprovaram o envolvimento dos jovens, chegando a fazer comentários sobre o assunto.

No entanto, a presença de Cândida na casa da irmã tinha uma razão preocupante. Desde o dia do acidente de Maricá, Ofélia encontrava-se enferma. O médico diagnosticou pneumonia dupla que, apesar do tratamento aplicado à paciente, continuava sem apresentar sinais de melhoras.

A família Damasceno recorreu aos préstimos de um especialista, vindo de Lisboa para cuidar do caso, que se mostrou muito reticente nas suas averiguações. A palidez mortiça, o cansaço do peito, a tosse constante, a febre baixa, porém persistente, e a fraqueza do corpo formavam um quadro muito delicado de saúde da jovem senhora.

Todo o conhecimento na área da medicina estava sendo empregado na tentativa de recuperação da saúde da enferma, que a cada dia parecia mais debilitada. Embora não desistisse de combater a doença que minava a resistência orgânica de sua paciente, o médico receava um desfecho desfavorável. Na verdade, o problema de Ofélia era mais sério do que o diagnóstico inicial. O bacilo de koch instalado nos pulmões da bela mulher havia avançado consideravelmente, sendo necessário comunicar a seus familiares a gravidade da situação. Nada do que estava sendo feito poderia mudar o curso da triste realidade, pois a senhora Oliveira, caso resistisse à crise atual, não teria uma longa existência.

Abraçada ao marido, Cândida enxugava as lágrimas num lenço de linho, inconformada com as últimas notícias. Maria Ângela também soluçava, enquanto Damasceno tentava alentar as duas mulheres. Após prescrever os medicamentos adequados ao tratamento empreendido e fazer as últimas recomendações quanto a evitar o contágio da doença, o médico retornou à cidade de origem certo de haver cumprido a sua tarefa com muita responsabilidade, ficando de visitá-la em datas previamente definidas.

Pedrinho fora afastado da convivência materna com o intento de preservarem-lhe a exuberante saúde. Contrária à internação da irmã num sanatório, Cândida, juntamente com Marica, ajudavam a enfermeira contratada a cuidar de Ofélia, não deixando que nada faltasse ao seu conforto. O dinheiro que Afonso destinara à manutenção da mulher e do filho, colocado sob a guarda da senhora Damasceno, agora se fazia imprescindível para custear as despesas do tratamento da enferma.

Os olhos azul-violeta de Ofélia conservavam o brilho ardente dos que amam. Embora não completamente consciente da gravidade de seu diagnóstico, não se rebelava ao esgotamento de suas forças vitais.

Dez quilos a menos, profundas olheiras, ainda assim a beleza não a abandonara à mercê do esgotamento físico. Reclinada sobre inúmeras almofadas, próxima à janela, observava a paisagem serena, na qual os canteiros floridos balançavam sob a influência da brisa suave, dando-lhe, por vezes, uma conotação nostálgica.

Com o coração apertado ante a lembrança da vida feliz

ao lado da família, não verbalizava o seu sofrimento, guardando-o no íntimo, não pretendendo perturbar a paz dos que estavam à sua volta. Naquela manhã ensolarada, Rafael trouxera-lhe a maior felicidade com a sua presença. Custava-lhe estar à distância do seu pequeno Pedrinho. Por amá-lo tanto, resignava-se, aguardando por melhores dias. No entanto, o filho abandonado outrora, voltava para ampará-la em momento tão difícil, restando-lhe agradecer a Deus tamanha dádiva e submeter-se ao amargo sacrifício.

A respiração ofegante e o cansaço do peito constituíam-se num maçante e progressivo desconforto. A tosse incontida nos momentos da crise impedia-na de descansar o quanto deveria, deixando-a apática, resignada ao seu infortúnio. O movimento das flores ao sabor do vento embalavam o olhar sereno de Ofélia. Por um instante, leve torpor a acometeu. Fixando num ponto indefinido, alheia ao tempo, trazia uma sensação de bem-estar a envolver-lhe o organismo frágil, exangue. As pálpebras pesadas, cerraram-se lentamente.

A beleza do campo parecia-lhe irreal. Como que tomada por doce magia, viu-se caminhar na relva fofa, próxima a uma casa rústica, embora graciosa, cujas janelas recobriam-se de cortinas rendadas, de onde provinha uma voz familiar.

Transpôs a entrada sem ser percebida. No interior da habitação, pequena criança, uma menina de olhar expressivo, brincava no bercinho de vime.

Na cozinha, jovem mulher preparava cuidadosamente a refeição. Emocionou-se ao rever o rosto de Ana Cecília. Quis falar-lhe, correr ao seu encontro, mas uma força poderosa chumbara-a ao solo, impedindo-a, também, de articular qualquer palavra. Impassiva, sem compreender se sonhava ou delirava, ouviu o desabafo da filha ao aproximar-se do berço da pequena:

– Meu anjinho, deves estar com fome. Ah, se minha mãe estivesse aqui para conhecer-te! Sinto tantas saudades!

Beijando as faces rosadas da rechonchuda menina, Ana Cecília retomou seus afazeres, enquanto Ofélia, embora desejasse prolongar este momento, sentiu afastar-se, vertiginosamente, para longe do precioso local. Reabriu os olhos e as imagens da filha e da neta ainda impressionavam-lhe a retina. Decerto, a ansiedade agasalhada no peito possibilitara-lhe sonhar com tão belo quadro familiar. Retomou o envelope disposto em cima do criado-mudo e apertou-o de encontro ao peito. Era a carta da filha amada, com a qual vinha se correspondendo, regularmente, há algum tempo. Esperava melhorar para escrever-lhe novamente, mas as forças ainda lhe faltavam. Releu o conteúdo da mensagem e os olhos encheram-se de lágrimas. Lamentou por Afonso encontrar-se empreendendo constantes viagens, dificultando criar uma oportunidade para relatar-lhe sobre o paradeiro de Ana Cecília.

Nova crise de tosse sacudiu-lhe o frágil corpo e quase inconsciente foi amparada pelos braços carinhosos de Rafael. Passado o pior momento e voltando a respirar mais calmamente, fitou o rosto do filho, passando-lhe as mãos sobre os cabelos macios. Mantendo a serenidade, falou quase num sussurro:

– Não vou viver muito tempo. Sinto que os meus minutos se esgotam... fico feliz que estejas aqui!

Contendo as lágrimas, Rafael tentou imprimir-lhe ânimo novo.

– Estás enganada. Amanhã o médico virá. Esteve recentemente na Alemanha estudando o teu caso, talvez traga um tratamento mais eficaz.

– Sabes que não vai adiantar. Embora procurem omitirme a verdade, pressinto chegar o meu fim. Não te preocupes... estou preparada.

– Mãe, não fales assim!

– Rafael, arranja-me papel de carta. Preciso escrever para Afonso e Ana Cecília.

– Será um esforço demasiado. Se quiseres, poderás ditar as cartas e as escreverei para ti.

– Agradeço tua predisposição, mas necessitarei de ti um outro favor: procura encontrar Afonso, o quanto antes, receio não haver tempo de revê-lo novamente.

– Farei o que me pedes, desde que aceites descansar agora.

– Descansarei tão logo termine de escrever.

– Quanta teimosia! Mas acatarei ao teu pedido.

Abraçando Ofélia, Rafael afastou-se beijando-lhe a testa, retornando, em seguida, com o material solicitado. Improvisando uma mesa de escrever sobre o leito, entregou-lhe o papel e a caneta-tinteiro e saiu, após fazer inúmeras recomendações à Cândida e à Maricá.

* * *

O fogo ainda crepitava na lareira improvisada quando Afonso, recolhido ao leito, fitava as estrelas através da janela do pavilhão de caça, há muito abandonado. A propriedade fora de seus pais, e agora, após a morte de Desirée, integrava-se a seu patrimônio, conforme estabelecido no testamento da falecida mãe. O rude golpe fizera-o deslocar-se para o norte, encontrando na antiga habitação o lugar ideal para recompor as idéias, refazendo passo-a-passo sua existência até os dias presentes. Certificara-se, após alguns meses de reclusão, de que sua vida longe da esposa amada não fazia nenhum sentido. Desirée alertara-o, no leito de morte, num lapso momento de lúcida manifestação, o quanto haveria de arrepender-se pelo infortúnio provocado por sua própria insensatez. Estava certa, a genitora. Finalmente, admitira que o amor contido no peito deveria sobreexistir acima de todas as aflições e triunfar, soberanamente, constituindo-se, como outrora, no tesouro basilar da felicidade de sua família. Pela primeira vez, depois de muito padecer, sentia-se em paz. Partiria ao amanhecer do dia e as horas pareciam não avançar. Imaginava o reencontro com a mulher, jamais esquecida, e o coração parecia querer saltar-lhe do peito, envolto em tanta emoção. E mediante a idéia de tomar o filho ao colo, o corpo estremecia, sobreexcitado, ansioso.

Dando asas à imaginação, Afonso não percebeu, de imediato, o tropel de animais aproximando-se rapidamente. Ao identificar o ruído característico provocado pelos cascos de cavalos a galope, num salto, pôs-se a posto, frente à janela. A escuridão da noite impedia uma boa visibilidade, mas o ouvido aguçado denunciava a aproximação de dois cavaleiros.

Não se enganara. A voz de Antônio Silva chamando-o rompeu o silêncio noturno. Indo ao seu encontro, avistou o outro viajante desmontando o animal.

Ao reconhecer a silhueta elegante de Rafael, o peito apertou-se temendo por más notícias. Aflito, perguntou após cumprimentar os recém-chegados.

– O que houve, algum problema com Ofélia ou com o meu filho?

Rafael antecipou-se a responder-lhe.

– Desculpa o avançado das horas, entretanto o assunto é de urgência. Tua esposa está enferma. Seu estado de saúde é muito grave e gostaria de rever-te o quanto antes.

A notícia atingiu Afonso com a intensidade de um raio. Um calor repentino percorreu-lhe todo o corpo provocando o enfraquecimento dos membros. O rosto afogueou-se e um formigamento estranho repuxou-lhe os músculos da face, agora, pálida, mortiça.

A fala prendeu-se na garganta e, recuando um passo, deixou-se cair sentado no degrau que acabara de descer. Apoiando a cabeça entre as mãos quis gritar, mas a dor intensa embargou-lhe a voz. Atônito, uma única idéia lhe acudia. "Sou culpado!", pensava enquanto uma fúria indomável o tomava por inteiro. Levantando-se, bruscamente, um grito rouco saiu-lhe do peito ao mesmo tempo que esmurrava a parede rústica, esmerilhada, fazendo-lhe sangrar as mãos.

Caindo de joelhos ao solo após esgotarem-lhe as forças, foi tomado por um pranto convulsivo que nem Rafael, nem Antônio ousaram intervir. Momentos depois, ante os olhares penalizados de seus acompanhantes, ergueu-se, letárgico, e encaminhou-se para o interior do pavilhão. O corpo todo tremia em face ao destino ameaçador. Os sonhos deram lugar ao temor crescente e angustiante. Reagindo à inércia, em menos de uma hora, partia em companhia dos dois homens à sua espera.

A tarde caía no horizonte quando os três cavaleiros, exaustos, adentraram as cercanias da cidade. Aceleraram a marcha dos animais e em pouco tempo puderam vislumbrar a pequena cerca cinturando a propriedade, na qual habitava a senhora Oliveira.

Os lampiões externos iluminavam a fachada da habitação modesta, enquanto pesado silêncio provinha de seu interior. Angustiado, Afonso esporeou o animal e precipitou-se pela estrada estreita que conduzia diretamente à entrada principal da casa. Lépido, adentrou a moradia, aparentemente desabitada, deparando-se com a figura desalentada da cunhada, recostada na parede do corredor, em frente ao quarto de Ofélia.

– Cândida! – exclamou aflito. – Como está minha esposa?

Os soluços de Maricá chamaram-lhe a atenção. Dirigindo-se ao local de onde provinham, avistou o semblante marmóreo, embora sereno, da mulher deitada sobre o leito. Com o olhar fixo naquele rosto amado, Afonso aproximou-se, cauteloso, evitando perturbar-lhe o sossego. Tomando-lhe uma das mãos estendidas ao longo do corpo, falou-lhe, emocionado:

– Estou aqui, minha querida. Nunca mais nos separaremos novamente!

Ainda que os lábios descorados de Ofélia parecessem sorrir, continuavam estáticos, silenciosos. Segurando-lhe a gélida mão, o senhor Oliveira continuava a expressar-se com a voz embargada.

– Doravante, eu mesmo cuidarei de ti e do nosso filho. Quanto fui louco, pensando poder esquecer-te! Nunca Ofélia, em nenhum momento de minha triste existência, longe de ti, deixei de amar-te. És o sol de minha vida, sem a luz do qual não poderei sobreviver.

Atônita, Maricá interveio em desespero:

– Senhor, não percebes que a minha senhora não poderá mais ouvi-lo? Ela está morta... morta!

Fitando os olhos eternecidos da antiga serva, Afonso estremeceu. E voltando-se para o corpo inerte da esposa, abraçou-o demoradamente. Sentando-se no leito, junto à falecida, acariciou-lhe os cabelos dourados enquanto as lágrimas percorriam livremente o rosto abrasado pelo remorso. Num impulso, beijou os lábios gélidos daquela que fora o único amor de sua existência, como se assim fosse possível restituir-lhe o sopro da vida, trazendo-a de volta para si.

As horas escoavam lentamente, e a dor era a companheira em comum dos que se encontravam na residência da senhora

Oliveira. Ninguém se atrevia a afastar Afonso de perto dos restos mortais de Ofélia, que preso a profundo tormento recusava-se entregar o corpo da mulher para os preparativos do sepultamento. Passadas dezesseis horas, ainda sob o impacto da perda irreparável, foi abordado por Maria Ângela que lhe trouxera uma xícara de chá. Temendo haver na bebida qualquer espécie de medicação calmante, recusou pacificamente.

– Acalma-te, tio – insistiu a mocinha, visivelmente preocupada. – Precisas tomar algo, ou não resistirás por muito tempo.

Ponderando sobre as palavras da sobrinha, Afonso concordou. O rosto cansado e os olhos vidrados transformavam-no num espectro humano provindo de sombria região. Finalmente, o esgotamento físico levou-o a adormecer pesadamente, conservando-se abraçado ao corpo da mulher.

Despertou à hora do almoço. A família aguardava pacientemente que Afonso retomasse o equilíbrio. Damasceno veio ao seu encontro, solícito.

– Esperamos que tua fé em Deus renove tuas forças, querido amigo. Comungamos a mesma dor, entretanto faz-se necessário nos ajudares nos funerais de nossa inesquecível Ofélia.

Concordando com o olhar, Afonso ergueu-se, permitindo o início dos preparativos, ainda que sua única vontade fosse a de permanecer insano, de continuar ao lado dos despojos da mulher amada.

Após o funeral de Ofélia, sepultada ao lado do túmulo de Desirée, numa área reservada próxima ao castelo da família Oliveira, Afonso isolou-se em seu aposento.

Passados alguns meses, magro e abatido, aceitou o convite da família Damasceno para uma visita.

Vestira-se sem nenhum capricho. Rugas profundas acentuavam-lhe a expressão melancólica cujo olhar penetrante adquiria um brilho selvagem, ao mesmo tempo alheio, displicente. A cabeleira embranquecida e a barba descuidada acrescentavam-lhe alguns anos a mais à idade real. A boca hirta, descorada, dava a impressão de ser incapaz de emitir um sorriso, parecendo encerrada, há séculos, numa máscara mortuária de longínquas eras.

Ao chegar à residência dos amigos, tocou o sinete da porta e aguardou silente. Um criado o conduziu à sala de visitas, onde a família o aguardava, reunida. Damasceno e a esposa levantaram-se para recebê-lo, admirados com a sua aparência em visível decadência.

– Que alegria rever-te! – cumprimentou Damasceno, abraçando-o.

– Obrigada por haveres aceitado o nosso convite, Afonso. Estávamos saudosos – ajuntou Cândida bastante emocionada.

Retribuindo as saudações amigáveis, após abraçar a sobrinha Maria Ângela, o senhor Oliveira lançou o olhar sobre pequena criança amparada pelos braços de uma serva. Deteve-se diante do sorriso de Pedrinho e sentiu-se invadir por intensa ternura. Todas as dúvidas quanto à paternidade do pequenino haviam sido dissipadas, antes mesmo de ler a carta deixada pela falecida esposa. Agora, frente à figura frágil do garoto, o coração voltava a bater descompassadamente. Cálido afeto aqueceu-lhe o íntimo e finalmente, depois de meses de profunda apatia, experimentou a vontade de voltar a viver.

Naquele breve momento, toda a sua vida voltou-lhe a mente, em quadros instantâneos, fugazes, revelando-lhe bons e maus momentos, até a recente notícia do suicídio de seu irmão Gaspar.

Ao carregar o filho ao colo, não resistiu às lágrimas, desafogando o peito oprimido pelo peso dos infortúnios acumulados nos últimos tempos. Assustado ante o desconhecido,

Pedrinho chorou. Ternamente, Afonso aconchegou-o ao peito, conseguindo acalmá-lo. A cena do reencontro entre pai e filho comoveu os presentes, que também chegaram às lágrimas. Continuando a segurar a criança entre os braços, Afonso participou aos familiares as suas pretensões quanto ao futuro.

– Cândida e Damasceno, há muito eu não vivenciava uma ocasião tão especial. – E assentando-se numa poltrona, próxima de onde se encontravam os cunhados, continuou: – Hoje, ao abraçar o meu filho Pedro, sinto-me retornar à vida. Cometi muitos erros ao longo de minha existência e agora colho os resultados amargos acumulados pelos meses. Contudo, ainda é momento de tentar recuperar um pouco o tempo perdido. A carta deixada por Ofélia descortinou-me novos horizontes. Notável mulher! Até o último instante, um exemplo de dignidade e sabedoria. Estive pensando bastante e resolvi partir para o Brasil. Desejo rever minha filha, buscar uma reconciliação.

– Que notícia maravilhosa! – exclamou Cândida, enxugando as lágrimas. – Este era o maior sonho de minha irmã: vê-los unidos novamente.

– É o meu maior desejo também. Entretanto, Pedrinho necessita dos meus cuidados como pai.

– Não te preocupes, Afonso! Eu, Damasceno e toda a nossa família amamos esta criança. Não será nenhum sacrifício tomarmos conta dela enquanto estiveres fora.

Agradecido e extremamente aliviado, o senhor Oliveira despediu-se da família Damasceno e partiu com o coração repleto de novas esperanças.

Em pouco mais de um ano quantas mudanças ocorreram na vida deste homem, outrora, orgulhoso, intransigente. O sofrimento atenuara-lhe a altivez, por vezes, constrangedora. Sobre o leito macio, almejando conciliar o sono, recordou o último encontro com o amigo Damasceno. Fora ele quem mais o alertara do quanto estava sendo tolo em separar-se da esposa. Como fora compreensivo quando lhe relatara, extremamente envergonhado, sobre a fuga de Ana Cecília. Sob a indução do amigo voltara a procurar Gaspar para certificar-se de seu terrível engano em relação ao comportamento de Ofélia. Mesmo após ouvir as palavras do irmão inocentando a mulher amada, necessitou isolar-se por algum tempo antes de decidir retomar sua vida conjugal. Decisão tardia! E quanta desgraça depois disso: a morte de Ofélia e o suicídio de Gaspar, que sentindo-se miseravelmente culpado pelo infortúnio do irmão e de seus familiares, buscou a forma mais covarde de fugir à responsabilidade dos seus feitos. Entretanto, a possibilidade de abraçar novamente a filha do coração renovava-lhe o ânimo. E envolvido pela influência do amor paternal, adormeceu em paz, preso à imagem inesquecível de Ana Cecília.

Capítulo X

PARTIDA PARA O BRASIL

De volta a Setúbal, Rafael tentava recuperar-se das perdas sofridas, cavalgando naquela ensolarada manhã. A morte trágica de Gaspar o atingira profundamente, quando ainda lutava por superar o falecimento de sua mãe. Ainda tão jovem, carregava as marcas de um destino terrivelmente severo, inexplicável. Sensível e amoroso, retornou ao único lugar onde poderia desfrutar da companhia de alguns elos familiares. A família Damasceno procurava reconfortá-lo nesse momento em que a dor parecia-lhe insuportável. Maria Ângela tornara-se o seu principal apoio, ao lado da qual o seu sofrimento era atenuado em intensidade. Entretanto, o sentimento de culpa que carregava em relação à separação de Ofélia e Afonso aumentava consideravelmente em seu íntimo. Sentindo-se indiretamente responsável pelo ocorrido e martirizado pelo comportamento de indiferença demonstrado pelo tio à sua pessoa, deixou o leito antes de surgirem os primeiros raios de sol.

O vento matinal fustigava-lhe o rosto sombrio, enquanto uma vontade incontrolável o estimulava a correr cada vez mais. Exímio cavaleiro conduzia o animal com segurança e competência nas manobras mais audaciosas. Horas mais tarde, ainda angustiado, decidiu retornar ao lar onde Ofélia passara os seus últimos dias.

Ao aproximar-se da propriedade, experimentou uma opressão no peito, saudoso das carícias maternas. Abstraído pelas recordações não percebeu a presença de um visitante aguardando-o próximo aos jardins exuberantemente floridos. Quando atrelava as rédeas do animal ao ramo de uma árvore foi interceptado pelo cavalheiro que o chamou ternamente:

– Rafael, preciso falar-te um instante!

Surpreso, o rapaz voltou-se deparando com a figura abatida de Afonso.

– Tio Afonso, a que devo tão inesperada visita?

– Vamos entrar e conversar um pouco.

Intrigado, Rafael acompanhou-o, sem objeções. Após tomarem seus assentos, Afonso usou da palavra, buscando ser objetivo em suas colocações:

– Lamento muito a partida trágica de teu pai. Apesar de todos os desagradáveis acontecimentos, eu o estimava muito.

– Sei do quanto se gostavam. Meu pai fazia ótimas referências à tua pessoa.

– Tenho sido um tanto injusto e negligente para contigo.

– Tens as tuas razões para agires assim.

– És um bom rapaz e mereces de mim todo apreço. Ofélia foi a única mulher a quem amei em toda a minha vida e trouxe-te ao mundo, como também, à Ana Cecília e a Pedrinho. Gostaria, pois que aceitasses a minha sincera amizade e que me desses a alegria de passares a residir em minha companhia a partir de hoje.

Comovido, o moço não conseguia encontrar expressões suficientemente adequadas, capazes de descrever sua infinita emoção.

– Não sei como agradecer-te... tanta consideração. Eu... jamais imaginei tamanho desprendimento!... Cheguei a pensar que me odiavas...

– Odiar-te? Que culpa poderias ter sobre os fatos passados? – E aproximando-se para abraçar o rapaz, completou o pensamento: – Doravante serás também meu filho muito amado de todo o meu ser, de toda a minha alma!

Um abraço afetuoso selou aquele pacto de amor. Pela primeira vez Rafael conseguiu soltar o pranto, há muito oprimido no peito tão habituado a sufocar as amarguras, desde tenra idade.

Rafael e a serva Maria, a mulher que o recebera dos braços de sua mãe, ao nascer, mudaram-se para o Castelo, de imediato. Tio e sobrinho, unidos pela mesma dor, identificavam-se cada vez mais, à medida que estreitavam a convivência entre si. Ansioso para conhecer Ana Cecília, Rafael propôs a Afonso acompanhá-lo na viagem ao Brasil, o que foi aceito de muito bom grado.

Uma força renovadora impelia Afonso a retomar seus afazeres com bom ânimo e dedicação. A idéia de reencontrar-se com a filha não lhe saía da cabeça, tomando todas as providências para partir o quanto antes. Dentro de alguns dias, finalmente, embarcou em companhia de Rafael, que se tornara seu amigo inseparável.

***

A nau deslizava mansamente sobre o oceano Atlântico refletindo a luz prateada proveniente da guardiã solitária dos navegantes. A claridade suave concitava mil pensamentos a Afonso, absorvido pela tênue linha estabelecida entre o céu e o mar. Quanto mistério ocultava essa imensidão! O olhar arrogante de outrora fora substituído pela expressão melancólica e reflexiva, que agora se prendia a examinar, extasiado, os pendores da mãe natureza, materializados nos pontilhados de brilho faiscante esparramados pelo infinito. Debruçado sobre o anteparo da embarcação, o senhor Oliveira deixava-se acariciar pelo vento frio a fustigar-lhe os cabelos crescidos e descuidados, enquanto a sofrida alma libertava-se em busca de lembranças longínquas, esplendorosas.

Rafael, observando-o abstraído, evitou interrompê-lo. No seu jovem coração pairava um pesar estranho, incompreensivo. A imagem de Gaspar surgiu-lhe na mente, fazendo aumentar a angústia íntima. Uma saudade doída apertou-lhe o peito, tornando-se insuportável a ausência paterna. A dificuldade que sentia em deixar o pranto jorrar livremente, sufocava-o. O que seria da alma de Gaspar? questionava em meio à crescente inquietude. Estaria condenada para todo o sempre, como determinara a igreja ao recusar-se endereçar-lhe uma única prece? Pobre pai! considerou entristecido. Ainda que lhe custasse alguma pena, ousaria orar em seu favor. A essa simples idéia, leve bem-estar o envolveu dentro de instantes. Menos apreensivo, voltou o pensamento para a imagem alegre de Maria Ângela, fazendo-o suspirar apaixonadamente. Quão estranha é a vida! pensou, enquanto a imensidão que o circundava levava-o a recordar-se da infância. Fora feliz, apesar de tudo. O carinho da serva Maria, os cuidados das irmãs do orfanato, do qual fora recolhido por Gaspar, a convivência saudável com Angeline... nada lhe faltara, nem amor, nem conforto. Sua alma generosa, sempre pronta a aceitar as situações delicadas da existência humana, não se atinha a lastimar os dolorosos momentos de solidão passados após o desaparecimento de sua protetora, Maria, razão pela qual fora acolhido no orfanato; nem dava lugar à revolta ante a revelação, súbita, de sua real procedência. Ainda que marcado pelo destino, não exibia as cicatrizes adquiridas ao longo dos anos, adaptando-se, sempre, às novas circunstâncias. Sua maior defesa era demonstrar serenidade diante dos fatos, apesar do medo e das incertezas e calar fundo, no íntimo, os seus inconfessáveis dissabores.

Na bela manhã de primavera, sob o sol ardente banhando a vegetação nativa, a embarcação ancorou ao largo da costa do novo mundo. Em terra, a agitação era grande. Mercadores diversos aguardavam a carga recém-chegada; trabalhadores suarentos transportavam enormes fardos, empilhando-os em tapumes de madeira, enquanto outros serviçais os conduziam, em rústicas carretas, rumo à praça de negociações, próxima ao desembarcadouro.

O senhor Oliveira e o jovem sobrinho admiraram-se da movimentação comercial do pequeno povoado. De posse das bagagens individuais, caminharam pelo calçamento empoeirado à procura de uma condução de aluguel. O calor excessivo obrigara-os a despirem-se das casacas e a transpiração começava a encharcar-lhes as vestes. Em meio ao aglomerado de pessoas em busca de boas negociações, uma voz masculina chamou-lhes a atenção.

– Senhor, Oliveira, que bons ventos o trazem a tão longínqua terra?

Surpresos, os dois homens voltaram-se. O sorriso malicioso de Juarez Botelho atingiu Afonso com a força de um raio, mas este, bastante experimentado na politicagem humana, cumprimentou-o com um aperto de mão.

– Como tens passado, senhor Botelho! Indicando o seu acompanhante, acrescentou: – Apresento-lhe meu sobrinho, filho de meu irmão Gaspar.

Visivelmente impressionado com a presença do rapaz, Juarez procurou disfarçar sua animosidade em relação ao seu antigo credor.

– Grande prazer, meu rapaz, embora tenha nítida impressão de conhecê-lo de algum lugar!

Interrompendo possíveis comentários indiscretos, Afonso apressou-se em partir.

– Foi um prazer rever-te, caro senhor, todavia estamos ávidos por um bom descanso!

– Vieram a negócios?

– Sim, – adiantou-se o mais velho, evitando que o interlocutor ficasse inteirado da verdadeira razão de ambos. – Rafael pretende expandir seus negócios além da velha Europa. Viemos ver as condições do mercado.

– Isso é ótimo, essa terra é muito promissora! Aposto que encontrarão um campo propício aos interesses dos senhores. Se precisarem de minha ajuda...

– Agradecidos, senhor Botelho, sabemos contar com o teu apoio em caso de necessidade.

Rafael, que havia permanecido calado, comentou após afastarem-se do cavalheiro elegante, com ares de bem sucedido:

– Não foi de teu agrado o reencontro com o senhor Botelho.

– É um homem perigoso e detentor de um caráter pouco recomendável. Quando houver tempo, relatarei suas proezas.

Conseguiram, finalmente, alugar uma caleça em bom estado de conservação. Passava do meio-dia e o sol estava insuportável. Inúmeras indagações foram feitas antes de localizarem o endereço constante nas cartas de Ana Cecília. O lugar era afastado, próximo das grandes lavouras de cana-de-açúcar. A ansiedade dos dois homens aumentava à medida que se aproximava o momento de avistarem-se com a jovem fugitiva.

A condução estacou a alguns metros da casa rústica cujas janelas abertas exibiam alvas cortinas de renda branca. Afonso respirou fundo antes de bater na porta de madeira, pintada de azul. O sobrinho ficara aguardando, a distância, o momento oportuno para apresentar-se. A própria Ana Cecília veio ao seu encontro, parando, estarrecida, diante de sua presença.

– Papai! Meu Deus, papai!

A voz do senhor Oliveira embargou-se-lhe na garganta. Abraçando o corpo trêmulo da filha, apertou-o de encontro ao peito, deixando que o pranto, por si mesmo, falasse da sua emoção.

– Papai, que alegria rever-te!

– Meu anjo, minha filha adorada, quanto ansiei por este momento! – disse, segurando-lhe o rosto entre as mãos, beijando-o repetidas vezes.

– Perdoaste, então, os meus desatinos?

– Há muito a te dizer, filha, mas agora quero que conheças uma pessoa muito querida.

A um sinal, Rafael surgiu à entrada despertando a curiosidade de Ana Cecília.

– Este é Rafael, que muito desejava conhecer-te. Ele é filho de meu irmão Gaspar.

– O prazer é todo meu, querido primo. Sê bem-vindo a esta casa!

Após acomodar os recém-chegados na sala de visitas, a dona da casa pediu para ausentar-se por um instante. Retornou, em seguida, trazendo ao colo uma criança de quase um ano de idade.

– Papai! Rafael! Esta é minha filha Manuela.

Encantado, o avô estendeu os braços para a pequenina que estranhando-o, voltou-se para a mãe. Ana Cecília fez questão de dar uma desculpa.

– Ela não está acostumada a visitas, mas logo irá adaptar-se à presença dos senhores.

– Não te preocupes com isso, saberei conquistar o afeto de minha neta. – E olhando em volta, perguntou ansioso: – Onde está o teu esposo? Ainda demora a chegar?

– Foi até a fazenda vizinha, deve estar retornando. Agora me fales de minha mãe, estou louca de saudades dela!

Distraído, a brincar com Manuela, Afonso tentava ganhar tempo aguardando o retorno do genro, sobre o qual nenhum conhecimento detinha, a não ser o fato de sabê-lo esposo de sua filha. A esse simples pensamento, o brilho arrogante de outrora aflorou em seu olhar, dispersando-se, entretanto, ante as proezas pueris da pequena Manuela.

– Dize, filha, – inquiriu, parecendo não perceber a ansiedade estampada no rosto de Ana Cecília – tens tido uma vida feliz longe de casa?

– Estou em casa, papai. Minha casa! E sou feliz sim, muito!

– Desculpa, não quis te magoar, no entanto...

O senhor Oliveira foi interrompido pela chegada de Damiam, ou melhor, de Diogo, conforme constava nos documentos retirados poucos dias antes da sua partida para o Brasil. Por medida de segurança, o jovem casal adquiriu novas identidades, receosos por represálias da igreja, ou da própria família de ambos. Embora o auto-controle mantido até o momento, o estado emocional de Afonso alterou-se. Pela primeira vez, estaria a frente do homem que lhe roubara, sem nenhum escrúpulo, a filha muito amada. Imaginando o turbilhão de emoções agasalhado no peito paterno, Ana Cecília antecipou-se nas apresentações:

– Diogo, meu querido, estes são meu pai eu meu primo Rafael. Vieram fazer-nos uma surpresa e aguardavam-te ansiosos.

O rosto preocupado do recém-chegado asserenou-se. Amigavelmente abraçou os visitantes, passando a ouvi-los atentamente.

O senhor Oliveira, tomado por forte simpatia pelo rapaz, iniciou uma conversação informal, enquanto se preparava para relatar-lhe os últimos acontecimentos.

Após narrar alguns episódios ocorridos durante a viagem ao Brasil, Afonso, aos poucos, passou a discorrer sobre tudo o que acontecera desde o momento em que Ana Cecília fora levada para o convento.

A comoção tomava os ouvintes conforme a longa exposição dos fatos. Ana Cecília quase perdeu os sentidos ao inteirar-se do falecimento da genitora. Afonso, voz entrecortada pela forte emoção, nada omitiu, nem mesmo o grau de parentesco existente entre a filha e Rafael. A jovem esposa de Diogo, cujo nome passara a ser Ana Carolina após a fuga para o Brasil, estava desanimada. Abraçando-se ao pai, chorou copiosamente.

– Pai, disse por fim, eu não queria ter feito o que fiz. Antes de optarmos pela fuga, eu e Diogo desejamos contar-te tudo, pedir tua bênção, mas conhecendo-te tão bem quanto eu, desistimos de tal empreendimento.

– Enterremos o passado, minha querida. Agora estamos juntos novamente!

– Todavia, precisas tomar conhecimento de algo muito grave.

Pai e filha entreolharam-se apreensivos, enquanto Rafael e Diogo, este com Manuela ao colo, observavam silenciosos.

– Papai, o que tenho a dizer está a me consumir durante tanto tempo. Necessitarei da tua compreensão e do perdão de meu marido sobre o meu silêncio. – Afastando-se de Afonso, nervosamente retomou a palavra: – Conheci Diogo quando estava no convento. Ele pertencia ao mosteiro de Santa Cruz e preparava-se para ser padre.

Durante pequena pausa, a moça fitou o rosto apreensivo do esposo e prosseguiu resoluta.

– Apaixonamo-nos e decidimos ficar juntos. Precisávamos, no entanto, romper compromissos assumidos anteriormente. Eu, com um noivado jamais aceito por mim. Ele, com a Igreja. – As mãos de Ana Carolina tremiam e nítida palidez acentuava-lhe o brilho violeta do olhar. – Convencidos de que jamais convenceríamos as nossas famílias sobre a decisão tomada, partimos para longe da terra querida, sem que eu nunca tivesse revelado ao meu marido o nome do meu prometido.

O momento parecia delicado. Rafael, para ser discreto, fez menção de afastar-se, sendo interrompido pela jovem.

– Desejo que fiques, nada mais quero esconder daqueles que amo verdadeiramente. E por seres filho de quem és, devoto-te o mais sublime dos afetos. – Com um longo suspiro, prosseguiu: – Ao tomar conhecimento sobre de qual família Diogo procedia, fiquei desnorteada. Por recear perdê-lo, conservei o segredo sobre a família a qual pertencia o meu ex-noivo. Mas hoje, depois de tantas revelações amargas, embora que algumas consoladoras, verifico o quão difícil seria permanecer calada por mais tempo. Papai, – disse com a voz embargada – o verdadeiro nome de Diogo é Damiam, ele é o filho mais jovem de Dom Ramiro.

Estupefato, Afonso levantou-se do assento. Diogo enrubesceu sem compreender o que poderia existir de grave no que Ana Carolina acabara de relatar.

– Deus Santo! – proferiu o senhor Oliveira, visivelmente transtornado.

– Pai, Diogo desconhece completamente que o rapaz destinado a ser meu marido era o seu irmão Ramiro Neto.

Diogo, que até aquele instante estivera acompanhando a narrativa em silêncio, estremeceu. Seu olhar indagador fixou os olhos úmidos da esposa, manifestando-se pesaroso:

– Por que omitiste tão grave revelação, Ana Carolina? Fizeste-me trair o meu próprio irmão!

– Perdoa minha loucura – implorou em pranto. – Serias capaz de enfrentar as ordens de teu pai, como o fizeste, entretanto, se soubesses ser o teu irmão o meu prometido, jamais terias deserdado da igreja e ficaríamos irremediavelmente separados!

– Não caberia a ti somente esta decisão, – insistiu veemente o rapaz. – Eu tinha direito de tomar conhecimento de fato tão relevante.

Um silêncio pesado pairou no ambiente. Diante do pequeno tribunal familiar, Ana Carolina sentia-se aliviada. Diogo, tomado pelo impacto da revelação, deixava-se corroer pelo remorso. Afonso, cabisbaixo, lamentava o desgosto a ser enfrentado pela família Toledo quando fosse inteirada da verdade. Rafael, o menos atingido pelas circunstâncias, buscava amenizar a situação.

– Senhores, – disse num impulso – todos fomos testemunhas de relatos dramáticos sobre a existência de cada um. A conclusão a que chego é que sempre houve uma intenção positiva nos atos precedentes aos dramas vivenciados. Não ouso dizer que foram os mais adequados, no entanto, estamos todos aqui, atrelados ao mesmo destino, cabe a nós torná-lo menos doloroso de agora em diante.

– Rafael tem razão, pronunciou-se Afonso após longa meditação. Haveremos de encontrar a melhor forma de levar a notícia aos familiares de Damian... quer dizer, Diogo.

E fitando o rosto entristecido do rapaz, acrescentou:

– Quase acertei na escolha, todavia, o próprio destino cuidou de reparar o meu erro!

Os dois homens abraçaram-se comovidos. Ana Carolina, segurando a filha ao colo, retirou-se para o interior da casa em companhia do irmão, com o propósito de deixá-los a sós.

– Dentre todos os amigos que tenho, Dom Ramiro é o que mais considero – afirmou Afonso, passando a sentir pelo rapaz infinita ternura.

– Senhor Oliveira, quero que saibas que não me orgulho de ter faltado com a verdade a meus pais. Escrevi-lhes dizendo estar em missão religiosa no Brasil. Envergonho-me disso. Entretanto, tudo fiz para dissuadir meu pai da idéia absurda de enviar-me para o mosteiro. Foram vãs todas as tentativas, ainda assim, concordei. Mas ao conhecer tua filha, uma força espontânea, maior que o respeito devotado ao meu genitor, irrompeu em mim induzindo-me agir de forma inesperada. Amei Ana Carolina no primeiro momento em que a vi. Mesmo lamentando ter que ferir os princípios ensinados por meu pai, não pude resistir ao chamado impulsivo do coração. Se ousei ocultar-lhe a verdade, não foi por temor à sua ira, mas para poupá-lo de tamanha contrariedade.

– Compreendo, Diogo. Um dia, tu haverás de entender a posição de teu pai, exigindo-te tal compromisso.

– Desculpa, senhor Oliveira, mas não creio ser isso possível. Papai não tinha o direito de decidir quanto a tão delicada questão. Mesmo agora, receio a sua reação, principalmente depois que souber que desposei a prometida de meu irmão. Anastácia, conhecendo-me mais que todos os outros, destinou-me pequena fortuna, a qual foi empregada na aquisição dos meios de nossa sobrevivência. Disse-me ela, por meio de carta, que previa o meu afastamento dos ideais religiosos e pedia que eu não julgasse Dom Ramiro, evitando rebelar-me contra os seus impositivos.

– Eu mesmo falarei com teu pai sobre esse assunto. Quanto ao teu irmão, Ramiro Neto é um rapaz excelente e não guardará mágoas. Tua mãe, apesar de tudo, ficará feliz com a união de nossas famílias.

– Sinto muita falta de todos, sobretudo de minha mãe.

– Eles também sentem saudades tuas. A pequena Manuela será o elo primordial para a reconciliação entre teus entes queridos. Em breve, tudo estará bem.

Alentado pelas argumentações do sogro, Diogo apertou-lhe a mão estendida em solidariedade. O rapaz longe estava de imaginar os conflitos familiares desencadeados ao ser concebido por Anastácia. Filho ilegítimo, não fosse a intervenção de padre Selênio, decerto não teria nascido. Por um milagre, Dom Ramiro substituiu a idéia de encaminhá-lo para um orfanato, pelo propósito de direcioná-lo à vida religiosa, única maneira, a seu ver, de resgatar perante Deus a forma vergonhosa em que viera ao mundo.

Caprichosamente, embora obstinada resistência, Dom Ramiro não conseguira furtar-se de amar o filho, com o qual, a contra-gosto, admitia existir maior identidade do que com os outros dois mais velhos. Com o coração sangrando entregou Damiam à guarda da Igreja. Com grande tristeza recebeu a notícia de sua partida para o Brasil. E nesse momento, o "acaso" parecia querer continuar a brincar com o destino de suas vidas. Como reagiria o inflexível senhor às últimas informações sobre o filho, cuja predileção jamais ousaria confessar a si mesmo? Afonso ponderava sobre o desenrolar dos fatos, inexplicáveis sob a ótica da unicidade das existências, embora se tornasse um pesquisador no campo da ciência que pudesse explicar sobre a vida após a morte. Outrora, demasiadamente cético, jamais admitiria a possibilidade de contatar os mortos. Todavia, as visões da figura atormentada de Desirée e da louca, desconhecida, a persegui-lo sistematicamente, fizeram-no interessar-se pelo delicado assunto. Impregnado pelas grandes emoções, não conseguia conciliar o sono. Os gritos de Desirée pareciam-lhe mais reais, mais torturantes. As missas encomendadas para serem realizadas mensalmente, até o momento, não haviam surtido nenhum efeito visível sobre aquela alma vitimada por terrível aflição. Não sabia mais o que fazer diante da máscara de horror, transfigurada no rosto de sua mãe, implorando sua ajuda. Atordoado, sentou-se no leito esfregando as mãos sobre os olhos. Gélido suor tomava-lhe a testa, enquanto todo o corpo estremecia sob o impacto de estranha e desconfortável sensação.

A escuridão do ambiente não o impedia vislumbrar a macabra aparição, tendo em volta dos tornozelos e dos punhos grossas correntes dificultando-lhe os movimentos. o que lhe ocasionava enorme pavor. Impressionado com o que via, Afonso intentou auxiliá-la.

– Tenho feito o que posso, Desirée. Dize-me como ser possível ajudar-te?

– Tira-me deste lugar imundo, onde todos me perseguem e me acusam de assassina!

– Mas o que fizeste para agirem assim contigo? Quem são estes perseguidores?

– São aqueles que não permiti que nascessem, monstros implacáveis... Ah, deixem-me em paz...

Tal como surgia, o espectro de Desirée desapareceu sem que Afonso conseguisse mover um único músculo. Retomando a razão, o senhor Oliveira permitiu que as lágrimas dissipassem as imagens deixadas pelo tenebroso reencontro com a alma de sua mãe, pensativo quanto à forma de poder pôr fim àquele suplício. Sequer poderia comentar sobre os fatos com alguém sem o risco de ser considerado louco. Contudo, estava certo de que não desistiria de buscar explicações plausíveis para o fenômeno. Impelido a proferir singela oração, finalmente adormeceu.

Dias mais tarde, Afonso e Rafael retornaram à residência de Ana Carolina em companhia de uma negrinha, com ares assustado.

À porta, a jovem dona da casa recebeu-os alegremente. Ao avistar a moça negra, fitou os homens em busca de um esclarecimento.

– Disseram-me que é ótima cozinheira – comentou Afonso. – Amanhã, irei buscar a outra escrava numa fazenda nas proximidades daqui. Segundo informações obtidas, é uma excelente ama. As duas serão de grande utilidade.

– Mas, papai, escravos custam muito caro e sabes como me sinto em relação aos cativos!

Indicando os fundos da casa à negra Sabá, para onde se dirigiu apressada, Afonso explicou a sua opinião:

– A escravatura é um fato, independentemente da tua vontade e de quem quer que seja. Bem sabemos o quanto abominas os maus tratos empregados aos negros. No entanto, cabe a ti dares um tratamento justo aos que estão sob tua guarda.

– Teu pai tem razão, Ana Carolina. Estas duas negras darão graças por estarem em tua casa. Se não a quiseres, outros senhores poderão não ser tão benevolentes para com elas!

– Os senhores estão certos – disse após breve reflexão. – Se não posso dar-lhes a liberdade, pelo menos poderei tratá-las com dignidade e justiça.

Com um beijo na testa da filha, o senhor Oliveira encerrou o assunto.

A tarde caía, amenizando a temperatura elevada daquele dia quente de verão. A pequena família continuava a alimentar os planos de estabelecimento definitivo na terra, ainda que selvagem, muito promissora comercialmente.

Diogo não disfarçava a satisfação ante a possibilidade de estar mais intimamente ligado aos familiares de sua esposa. O brilho de seus olhos esbanjava uma alegria luminosa enquanto conversavam sobre o futuro. Afonso expandiria suas atividades produtoras, passando a investir no plantio de cana-de-açúcar. Rafael seguiria o mesmo projeto associado ao cunhado e, mais tarde, a médio ou a longo prazo, dedicar-se-ia ao grande sonho de sua vida: a criação de cavalos puro-sangue.

Ana Carolina orientava os afazeres das servas, adquiridas recentemente, e nas horas vagas, fazia questão de participar da conversação amigável entre os seus entes mais queridos.

Ficara decidido que após escolhidas as terras, Diogo realizaria as negociações junto aos proprietários, enquanto Afonso e Rafael retornariam às suas cidades para darem andamento à comercialização de seus bens, transformando-os em espécie.

Antes de partir, Afonso advertiu a filha e ao genro com determinação.

– Cuidado, lembrem-se do que falei sobre Juarez Botelho. Conservem-se a distância. As notícias que chegam a Portugal sobre este moço não são nada agradáveis.

– Assossega, meu pai. Este senhor não passa de um grande covarde! – pronunciou-se Ana Carolina tentando tranqüilizá-lo. – Ademais, ele desconhece sobre o fato de residirmos aqui.

– Os covardes são os seres mais temíveis entre os homens, pois que eles tramam na surdina e são capazes de cometer os atos mais abomináveis. – Depois, voltando-se para Diogo, acrescentou:

– Promete-me cautela diante desse homem e evita, o quanto for possível, que ele descubra o paradeiro de minha filha.

– Podes contar com os meus cuidados, senhor Oliveira. Defenderei Ana Carolina com a minha vida, se necessário for. Nada receies quanto a nós!

Rafael, muito otimista, abraçou a irmã, enxugando-lhe as lágrimas com um lenço.

– Não chores, minha querida! Logo estaremos de regresso. Se alguém em quem penso com muito afeto aceitar-me por esposo, decerto virá comigo também.

– Falas sério? Quem é a jovem felizarda?

– A nossa prima Maria Ângela!

– Meu Deus, é alegria demais para ser verdade! Tu e Maria Ângela... não posso acreditar... eu...

As palavras foram sufocadas pelo pranto da emoção. Ao recordar-se da amada e terna criatura, Ana Carolina apertou Rafael de encontro ao peito e disse entre soluços:

– Vou pedir a Deus, todos os dias, para que voltem logo, e que Ele permita a vinda de minha prima para junto de nós. Dize-lhe o quanto a amo e que anseio por sua presença aqui.

Os dois homens subiram no pequeno barco, que os levaria à nau aguardando ao largo da costa, com os corações repletos de novas esperanças, enquanto acenavam para o jovem casal também envolvido pelo mesmo sentimento de confiança no futuro.

A pequena Manuela dormia nos braços da mãe, quando a condução adquirida pelo senhor Oliveira e doada de presente a Diogo, parou em frente da habitação da família. As servas, tão logo perceberam a chegada dos amos, correram ao encontro dos mesmos.

Sabá, jovem negra de olhar assustado, apressou-se em auxiliar Diogo a desatrelar os animais, conquanto Andira, movimentos ágeis e expressão de quem adquiriu larga experiência na labuta da vida, tomou nos braços vigorosos o precioso fardo, segurando-o como se fosse um tesouro.

– A mesa está posta, sinhá. – comentou a mais velha, agasalhando a criança no berço. – Querem almoçar agora, ou preferem refrescar com um banho?

– A segunda opção, Andira. Lá fora o calor está insuportável.

– Cuidarei em preparar a água. Aguardas um instante.

A dedicação de Andira, somada à boa vontade de Sabá, proporcionavam um grande bem-estar à família. Comida bem feita, casa esmeradamente limpa e além das tarefas domésticas realizadas com capricho, o mais importante: os cuidados maternais que Andira dedicava à Manuela.

Diogo e Ana Carolina reconheciam o valor humano das servas e buscavam retribuir-lhe os bons préstimos com a amizade sincera e com um sentimento de proteção não tolerado pelos verdadeiros escravocratas.

O ex-seminarista empenhava-se para transformar em realidade os planos da família. Por intermédio do homem que o contratara como professor de seus filhos, fizera alguns contatos importantes para a aquisição das terras apropriadas ao canavial.

A amizade existente entre o Dr. Lazarotte, médico, de procedência francesa, há muito estabelecido no Brasil, e Diogo, tornara-se sólida e profunda. Unidos pelo interesse em comum, a medicina, passavam horas discutindo sobre conhecimentos inerentes à área específica como se ambos tivessem a mesma formação acadêmica. Grande admirador do jovem preceptor de seus filhos, Dr. Lazarotte disponibilizava a vasta biblioteca, em sua residência, para que o amigo pudesse desenvolver-se em seus estudos e desse prosseguimento às pesquisas iniciadas sob assistência do padre Selênio, no Mosteiro de Santa Cruz.

Certa tarde, após a grande lida diária na administração da nova propriedade do sogro, e no empenho de fechar negociações com as terras de seu interesse e de Rafael, adentrou o gabinete do amigo deparando-se com a presença de Juarez Botelho. Quis recuar, mas o rapaz precipitou-se a cumprimentá-lo.

– Sejas bem-vindo, senhor Munhoz. O Dr. Lazarotte não tardará a chegar!

– Como vais, senhor Botelho? Não pretendo importuná-lo, retornarei em outro momento.

– Não será nenhum incômodo, senhor. Conceda-me o prazer da tua companhia, afinal seremos quase vizinhos.

Evitando deixar transparecer sua contrariedade, Diogo desculpou-se:

– Sinto muito não poder me demorar, contudo teremos muitas oportunidades para trocarmos algumas idéias.

– Disso eu faço questão. No momento, minha mulher está prestes a dar à luz, razão da minha presença nesta casa. Todavia, passados os primeiros instantes após o nascimento da criança, irei pessoalmente, fazer-te um convite formal para jantares em minha residência.

Despediram-se com amabilidade, embora um sentimento de repulsa tomasse o coração de Diogo desde quando vira o cavalheiro, pela primeira vez, na residência do antigo proprietário das terras que comprara para o sogro. Na ocasião, Juarez Botelho tecera algumas ironias sobre os negros que fizeram parte das negociações, provocando um clima desagradável entre os presentes. Quisera poder não mais avistá-lo a sua frente, mas o destino parecia traçar metas diferentes do seu objetivo, pois o tal senhor, dias depois de haver fechado negócio com a fazenda adquirida, comprara uma propriedade próxima, na qual passara a residir, desde então.

Com ares de preocupação retornou ao lar. Encontrando a esposa recém-saída do banho, tomou-a entre os braços, apertando-a forte, de encontro ao peito. Percebendo-lhe a apreensão, Ana Carolina insistiu em saber a razão.

– O que houve, querido, pareces tão preocupado!

– Nada de mais, meu anjo. – E beijando-lhe a ponta do nariz, continuou mais calmo: – Encontrei Juarez Botelho, na casa do Dr. Lazarotte.

– E daí, ele nem sabe quem tu és!

– É só uma questão de tempo. O homem parece farejar tua presença. Ficou de vir até aqui convidar-me para jantar em sua casa.

– Pois que venha! Ficará surpreso ao descobrir que és meu esposo!

– Prefiro evitá-lo. Como explicar a identidade que uso atualmente? Não, seria perigoso ficarmos nas mãos de alguém inescrupuloso.

– Ele desconhece tua procedência, nada poderá fazer contra ti.

– Entretanto, o mesmo não se dá em relação à tua pessoa. Foste o grande amor de sua existência, pois não?

Uma ponta de ciúmes deu ênfase às últimas palavras de Diogo. Ana Cecília que, após haver reconciliado com a família, fizera questão de retomar o nome de batismo, por não haver mais razões de permanecer no anonimato, explicou-se com altivez e muito segura de si:

– Estás dando importância demasiada a este senhor. Somos quase desconhecidos nessa cidade. Não temos amigos, nossa vida social é nula, ninguém nos visita. O que devemos temer? À exceção do doutor Lazarotte, nosso amigo e confidente, nenhum ser nesta terra seria capaz de apontar-nos na rua.

– Esqueceu-se do Juarez?

– Ah, Diogo, ainda que nos víssemos, em que poderia esse fato representar uma ameaça?

– Não sei, minha querida, todavia, a presença deste homem traz-me uma intranqüilidade inexplicável.

– Assossega, meu bem, tu mesmo disseste que ele procurava o médico para cuidar da esposa. O passado já não deve significar mais nada para este senhor. Tua inquietude é infundada!

– Gostaria de ter a tua convicção, Ana Cecília, mas o meu íntimo me diz o contrário.

Passando os braços em volta do pescoço do marido, Ana Cecília encerrou o assunto com um beijo apaixonado.

Capítulo XI

ESTRANHAS REVELAÇÕES

Meses depois, nas cercanias da cidade de Setúbal, Rafael fazia o desjejum em companhia de Afonso no amplo e silencioso castelo da família Oliveira.

Ambos estavam animados com o propósito da mudança para o Brasil e traçavam planos sobre o assunto enquanto deglutiam os bolinhos de nata servidos por Maria.

– Hoje irei à casa de Maria Ângela falar-lhe de minha pretensão em desposá-la.

– Ela já está a par de tua chegada?

– Escrevi dizendo-lhe que viria a qualquer momento, mas não mencionei as minhas intenções. Prefiro fazê-lo pessoalmente.

– Muito bem pensado. Qualquer família se sentiriria honrada em ter por membro alguém como tua pessoa. Lamento não poder te acompanhar em razão de minha visita à família Toledo.

– Não te preocupes comigo, sei o quanto é necessário o reencontro com os teus amigos. Desejo-te boa sorte na viagem e um breve regresso.

– Demorarei o mínimo possível, pois Ana Cecília está ansiosa por nosso regresso à promissora colônia de Portugal.

Anoitecia, quando uma criada anunciou aos donos da casa a presença de Rafael Oliveira. Maria Ângela, ao ouvir pronunciar o nome do rapaz, não conteve o impulso de correr ao seu encontro.

– Rafael, que bom ver-te novamente!

– O prazer é todo meu, querida prima. Como tens passado? E teus pais?

– Estou ótima! Papai e mamãe estão vindo cumprimentar-te.

Neste momento, Cândida e Carlos Damasceno adentraram a sala de visitas e abraçaram o recém-chegado.

Conversaram longamente e Rafael, por insistência dos donos da casa, aceitou o convite para o jantar.

Após a refeição, Cândida possibilitou que os jovens pudessem estar a sós na sala de visitas, enquanto, no escritório ao lado, ocupava-se em ler os trechos do jornal que mais interessavam ao marido, como de costume. Carlos Damasceno bebericava a habitual caneca de vinho, de sua própria fabricação, segurando displicente o charuto entre os dedos. Durante as pausas da leitura, a paciente leitora entranhou a abstração de seu fiel ouvinte que jamais deixava de omitir um comentário sobe os assuntos discorridos. Recolocando o jornal sobre a escrivaninha dirigiu-se ao marido com curiosidade:

– O que está a acontecer contigo? Queres que interrompa a leitura?

Soltando uma baforada de fumaça do charuto, Damasceno resmungou, sem demonstrar-se irritado:

– Ora, isso já o fizeste! Nada ouvi de interessante nas notícias de hoje. Por que não aproveitas a ocasião para verificares se Maria Ângela está a necessitar de ti?

– Ah, então era essa a razão do seu alheamento, – pensou a distinta dama. – Está a preocupar-se com a filha a sós com o rapaz. No nosso tempo de namoro pensava de forma diferente! – Sem questioná-lo, Cândida foi até a cozinha e retornou à sala onde se encontravam os jovens, oferecendo-lhes delicioso suco de damasco distribuído nas duas taças sobre a bandeja.

O rubor nas faces da filha não lhe passou despercebido. Habilidosa e gentil, assentou-se à frente dos jovens procurando não intimidá-los com sua presença.

– Deves estar cansado da viagem, Rafael! Aceita, pois, passar em nossa casa esta noite.

– É muito gentil sua oferta, tia Cândida, contudo, não sei se seria conveniente após o que tenho a falar-lhes.

Cândida demonstrou grande curiosidade sobre as colocações do rapaz.

– Pois, então, fala, estamos a ouvir-te.

Encorajado pelo olhar suave de Maria Ângela, Rafael prosseguiu determinado:

– Gostaria, entretanto, que o tio Damasceno, devido a importância do assunto, pudesse estar presente.

Sensível e inteligente, Cândida quase adivinhava as intenções do rapaz. Educadamente retirou-se voltando, em seguida, na companhia do marido e filhos.

Toda a família reunida na pequena, mas agradável sala de estar, aguardava a manifestação do rapaz. Percebendo-lhe um certo embaraço, Damasceno ofereceu-lhe um charuto para descontraí-lo, ao qual recusou cortesmente.

– Queridos tios e primos – Rafael deteve-se nos olhares ansiosos dos irmãos mais jovens de Maria Ângela, e enternecido pelo quadro familiar, continuou sua fala. Iniciou com algumas considerações reportando-se ao momento em que conhecera os entes queridos ali presentes, finalizando o breve e amistoso discurso anunciando sua pretensão em desposar Maria Ângela.

Os olhos de Cândida, marejados de lágrimas, não disfarçavam o seu contentamento e a sua emoção. Damasceno, controlando seus sentimentos, confusos, um misto de alegria e amargura, manifestou-se, por fim, contendo as lágrimas prestes a prorromperem.

– Rafael, considero-te como um filho querido. Um homem nobre, honrado, merecedor de todo o nosso apreço. O teu pedido é uma honra para nós, visto que em melhores mãos não poderíamos colocar o destino de nossa amada filha. Se Maria Ângela assim o desejar, eu e Cândida – e fitando o olhar aquiescente da esposa, – concluiu emocionado – estamos completamente de acordo com essa união.

Um brinde foi erguido em favor da felicidade do jovem casal e após as congratulações efusivas retiraram-se para seus aposentos, pelo avançado das horas. Damasceno tivera o cuidado de instalar o sobrinho em companhia de um dos filhos mais jovens antes de dirigir-se a seu quarto de dormir.

Por vontade dos próprios noivos, as bodas foram realizadas na intimidade dos familiares mais próximos, numa cerimônia simples e emocionante. Embora a habitual serenidade, Rafael de Albuquerque não disfarçava a paixão avassaladora contida no íntimo, ao segurar a noiva entre os braços no momento da tradicional dança nupcial. Maria Ângela exultava de felicidade e aquele instante mágico parecia transformar-se num verdadeiro conto de fadas. Somente Maria, a serva-mãe de Rafael, parecia não comungar da mesma alegria do jovem casal. Temia perder o amor de seu grande afeto, ao qual se dedicara com toda a alma, durante toda a sua vida. Agora, uma esposa representava a figura de uma rival indesejável e ameaçadora a uma convivência, até o momento, extremamente reconfortante com aquele que para si era um verdadeiro filho.

Alheios aos sentimentos adversos da serva, os noivos partiram, a convite de Afonso, para o castelo dos Oliveiras, no qual permaneceriam até o momento da mudança para a nova colônia portuguesa.

Com a sua peculiar amorosidade, Maria Ângela ao pressentir a rejeição de Maria em relação a sua pessoa, procurava conquistar aquele bondoso coração, porém, bastante ciumento, oferecendo-se para acompanhá-la na realização das tarefas mais simples.

Maricá e Luiza eram os seus anjos-da-guarda, entretanto

cuidava para que esse zelo não provocassem na serva Maria um sentimento de aversão visto que começava a ganhar-lhe a confiança. Nas horas vagas, passeava com Pedrinho pelos jardins onde tantas vezes brincara em companhia de Ana Cecília, quando crianças. As recordações entristeciam-na, sobremaneira, tentando sobrepô-las concentrando-se nas peraltices do pequenino enquanto o marido e o tio cuidavam dos últimos preparativos para a viagem.

Em dado momento, a criança ensaiando os primeiros passos iniciou um choro convulsivo. Instintivamente Maria Ângela carregou-a ao colo e tentou consolá-la. Ao fixar determinado ponto do jardim o menino voltou a chorar recostando o rostinho molhado sobre o peito de sua protetora. Intrigada, a esposa de Rafael experimentou um calafrio a percorrer-lhe o corpo. Olhou à sua volta e somente constatou a paisagem florida dos caramanchões balançando-se ao vento. Ainda assim, inquieta por algo não identificado, adentrou o salão principal do castelo e, embora o sol quente do verão aquecesse as dependências amplamente iluminadas, sentiu uma lufada de vento gélido sacudir-lhe as vestes. Pedrinho, que cessara o choro, aconchegou-se mais ao seu corpo trêmulo. Acreditando-o adormecido, assentou-se no divã frente a lareira segurando-o cuidadosamente de encontro ao peito. Nesse instante, os olhos expressivos da criança fitaram um ponto fixo da sala e balbuciou nitidamente, enquanto agarrava-se aflita às vestes de Maria Ângela:

– ... Mamã... mamã...

Amedrontada, Maria Ângela tentava acalmar o garoto, embalando-o nos braços.

– Está tudo bem, querido, não há nada aqui – dizia querendo convencer a si própria. – Tua mãezinha está no céu, e apontava para o azul visto através da janela aberta.

Pedrinho, sem capacidade de compreender o significado de tais palavras continuava a agitar-se e a repetir "mamã... mamã...".

Uma brisa mais forte agitou a cortina nova, encomendada por seu tio Afonso por ocasião do seu casamento, atingindo um vaso de cristal deposto sobre graciosa mesa redonda próxima à janela, que estilhaçou-se no impacto com o solo. Estarrecida, Maria Ângela permaneceu paralisada. Pedrinho aquietara e um silêncio secular parecia circundar todo o ambiente. O pensamento ágil da moça não conseguia atinar sobre o sucedido. Não ventava, o calor era intenso e aquela lufada de vento, inesperada, derrubando objetos... e depois a calmaria. Seria o espírito de Ofélia tentando comunicar-se? Imediatamente afastou essa idéia. Sua querida tia, onde quer que estivesse, não haveria querer trazer-lhes transtornos. Mas então... o que estaria acontecendo? Pedrinho parecia extremamente amedrontado, recusando-se deslocar a cabecinha do colo seguro de Maria Ângela.

A chegada de Afonso e Rafael no interior da sala tirou-a da abstração momentânea. Percebendo-lhe a palidez das faces, o marido foi ao seu encontro preocupado.

– O que houve? Não te sentes bem?

A custo Maria Ângela explicou-se:

– Nada de mais. Pedrinho agitou-se um pouco e tentava acalmá-lo.

Os estilhaços no chão chamaram a atenção dos recém-chegados. Adivinhando-lhes o pensamento, a moça concluiu:

– Não foi o Pedrinho. Uma lufada de vento lançou a cortina sobre o vaso e a criança assustou-se com o barulho.

Tomando o filhinho nos braços, acariciando-lhe a negra cabeleira, Afonso convidou os sobrinhos para a refeição.

Passada uma semana, Maricá, que tomara para si a guarda do filho caçula de Ofélia, procurou Afonso em seu gabinete particular.

– Senhor Afonso, preciso falar-te.

Deixando de lado os papéis em suas mãos, o senhor Oliveira pôs-se em posição de ouvinte.

– Trata-se de Pedrinho. Está inquieto, acorda assustado diversas vezes durante a noite e fica apontando determinado ponto do quarto balbuciando sempre a mesma palavra: "mamã... mamã...". E chora descontroladamente. Ontem à noite queimava em febre e só conseguiu dormir ao meu lado, na cama. Achava bom chamar o médico.

Pensativo, Afonso concordou e imediatamente enviou um servo em busca do Dr. Lucas.

Após minucioso exame o doutor não detectou nada de anormal na criança. Receitou-lhe algumas ervas calmantes e partiu satisfeito com o desenvolvimento orgânico do pequenino.

O senhor Oliveira, conquanto aliviado em relação a saúde do filho, solicitou à Maricá que o deixasse dormir em sua companhia durante alguns dias. Compreendendo a preocupação do patrão, a serva acedeu de bom grado.

Conforme orientações fornecidas, o berço de madeira maciça fora colocado no quarto de Afonso, próximo ao seu leito. Por duas noites consecutivas a criança dormira tranqüilamente, sob a vigilância constante do pai. Mais descontraído, o senhor Oliveira iniciou a leitura do diário de Desirée recentemente encontrado entre seus pertences. Como nas noites anteriores, Pedro ressonava calmamente.

O diário de Desirée, tal como se comportara a senhora em seus últimos anos de vida, era confuso, com narrativas bizarras parecendo não fazer nenhum sentido. Entretanto, a menção sobre o caso de uma determinada mulher chamou-lhe a atenção. Tratava-se de uma condessa que segundo a narrativa fora assassinada pelo próprio marido após haver sufocado, no berço, o filho de poucos anos de idade.

"Prestes a ser abandonada pelo marido, o qual apaixonara-se por exuberante dama da sociedade, a condessa elaborou um plano maldoso sob a ação do sentimento doentio que agasalhava no íntimo. Numa crise de loucura pôs fim à existência de seu próprio rebento antes de dar curso ao atentado contra a sua vida, conforme premeditara em febril insanidade. Flagrada pelo marido, que chegara do encontro com a amante, de cujas vestes exalava o perfume caro, de fabricação parisiense, comprovando nitidamente a vileza de seus atos, arrojou-se sobre o mesmo portando um punhal com o qual planejava imolar-se, num acesso de fúria incontrolável, ferindo-o superficialmente no braço. Embora sob o efeito de alcoólicos, o homem conseguiu imobilizá-la, esbofeteando-a cruelmente. Aflito, diante do comportamento descomedido da mulher, correu até o berço do filho detectando que a criança estava morta. Como um louco investiu contra a infanticida que vociferava descontrolada:

– Hás de pagar com a vida a tua traição. Teu filho dorme o sono dos justos e agora se encontra no paraíso. Mas tu, canalha maldito, haverás de arder no fogo terrificante do inferno, longe dos braços aveludados de tua prostituta de luxo, cuja ausência do infeliz marido tens amenizado com os teus beijos eloqüentes, enquanto eu me debato em agonia, abrasando-me, solitária, no leito por ti abandonado.

– Louca, desgraçada! Os teus minutos estão findos.

Avançando em direção da esposa a enfrentá-lo com o olhar perturbado, de onde provinham chispas de incontido ódio, agarrou-lhe os cabelos violentamente. Reagindo ao rude contato, a mulher cravou-lhe as unhas no rosto congestionado pela ira. A luta corporal durou alguns minutos até que de posse do punhal com o qual a mulher o ferira anteriormente, fincou-lhe no peito, por diversas vezes, num gesto mecânico, totalmente subjugado pelo sentimento de destruição.

O sangue abundante tingira de vermelho-tinto as vestes alvas do corpo inerte da condessa, caído sobre o mármore fosco do magnífico castelo. Afonso voltara a si diante daquela cena dantesca ainda empunhando a arma mortal.

Horrorizado, levou as mãos ao rosto e chorou copiosamente. Era madrugada. A criadagem adormecida ignorava a sucessão dos trágicos acontecimentos. Sob influência de intensa comoção psíquica, o assassino carregou o corpo da vítima depondo-o suavemente sobre o leito. Depois, aproximando-se do berço do filho amado, tomou-o ao colo prorrompendo em choro convulsivo. Beijando-lhe as faces marmóreas, abraçou-o repetidas vezes. Em seguida, colocou-o sobre o braço direito da falecida, posicionando-os num abraço que deveria transcender à eternidade. Não fosse o sangue fresco, borbulhante, sobressaindo das feridas do peito da condessa, dir-se-ia estarem em sono profundo, desfrutando os sonhos dourados de um amanhecer prodigioso. Afonso acariciou os cabelos da mulher e lamentou havê-la amado tão pouco. Não considerava como sendo sua a culpa haver se apaixonado por Ofélia. Não quisera fazê-la sofrer intencionalmente, contudo, como resistir aquela paixão abrasadora a arrastá-lo para os braços ávidos daquela que se tornara razão de sua vida?"

Nesse momento, o senhor Oliveira interrompeu a leitura. Pedrinho agitava-se no berço. Não compreendia a razão de Desirée usar nomes tão familiares em sua macabra descrição.

Entretanto, a curiosidade fê-lo prosseguir na busca daquele mistério estonteante.

"O assassino não conseguia afastar-se do local do crime, fascinado pelo quadro confrangedor, o abraço funesto entre mãe e filho, como anjos decaídos de regiões paradisíacas. Os pensamentos queimavam-lhe as têmporas. Na verdade nunca amara aquela mulher. Sentia remorsos por isso. Quisera sim, vingar-se do homem que lhe arruinara a família, deixando-o na miséria. Agiota inescrupuloso, aproveitara-se da boa fé de seu pai para apoderar-se de seus bens. Jovem e inexperiente jurou vingar-se do carrasco maldito de seus familiares. Anos mais tarde conhecera aquela com a qual viria a consorciar-se. Juarez, o pai da noiva, a princípio impôs resistência. Entretanto, os brasões e o prestígio da ilustre família do astuto pretendente venceram o impasse, levando-se em conta que as vantagens sociais advindas dessa união compensariam a falta de dinheiro do rapaz."

Ao deparar-se com o nome de Juarez durante a narrativa, o coração de Afonso sobressaltou-se. De imediato pensou em Ana Cecília. Por Deus, qual o significado de tais escritos? Por que tinham estes o poder de deixá-lo atemorizado? Não resistindo à ansiedade, quis chegar ao fim da história, se é que havia um final...

"O conde finalmente pensou em Ofélia. O coração disparou ao lembrar de sua amada. Precisava vê-la, correr ao seu encontro e com ela partir para lugar ignorado, onde não pudessem ser importunados por ninguém.

Dirigiu-se ao cofre, em sua sala particular, e depôs em pequena mala todos os valores ali contidos. Retornando ao seu aposento, evitando olhar para o leito, juntou as jóias da falecida e saiu apressado. Quase ao amanhecer do dia, chegou à casa da amante, adentrando o recinto fazendo uso da chave reserva que lhe fora dada por ela própria. A luxuosa residência parecia silenciosa. No entanto, à medida que se aproximava do aposento do casal, no andar superior, percebeu vozes exaltadas em ferrenha discussão. Achegando-se, silenciosamente, pela fresta da porta entreaberta, avistou Ofélia com os cabelos em desalinho levando a mão ao rosto. Cadela! – ouviu a voz masculina dirigindo-se à sua amada. De guarda, sentiu o peito inflar-se de ódio. Pobre do miserável se ousasse tocar na mulher amada, não responderia por seus atos. Nem bem acabara de pensar, o homem alto e corpulento desferia rudes bofetões na mulher, suplicante sobre o leito.

– Por favor, Gaspar, tem piedade!

– Então confessa o teu envolvimento com aquele crápula. Pensavas que estarias a me enganar por quanto tempo? Eu vi, Ofélia, um homem sair daqui durante a madrugada. Estive à espreita por muitas horas. Segui-o até a sua residência e agora sei de quem se trata. Ousas negar que Afonso é teu amante?

A mulher chorava copiosamente. Afonso engolia em seco aguardando o momento de intervir. Segurando a mulher pelos cabelos, Gaspar obrigou-a a fitar o imenso quadro pintado a óleo preso à parede do quarto.

– Reconheces aquela mulher? Sabes o que ela significa para mim? Responde, Ofélia! Negues que me amavas quando aceitaste posar para mim. Por que não dizes ao teu amante o quanto ansiavas por minhas mãos, ávidas, a deslizarem pelo teu corpo macio, sedutor, vibrante. Disseste a ele o quanto nos entregamos um para outro, enquanto te imortalizava na tela que hoje sorri para nós? E sequer éramos namorados! Mocinha pudica aos olhos da sociedade, mas que em nenhum momento negou-se a mostrar-me as belas formas, tão íntimas, que não ousei expô-las a público. Porém, o teu belo colo está amostra, corrompendo mentes, fazendo delirar os que a admiram. Eu sou o autor desta obra maldita, que agora se volta contra mim, por endeusar-lhe a beleza que encanta e seduz, tornando-se o meu tormento.

Afonso tremia de ciúmes, controlando-se para não atacar o seu rival. Alheio à sua permanência na casa, Gaspar continuava a destilar o seu martírio. – Eu te amo acima de tudo, maldita mulher! E contra ti nada posso fazer sem que fira a mim mesmo. Contudo, podes considerar o teu amante como um homem morto. Contratei alguém para executar o serviço. Amanhã... ouviste bem? Amanhã, Afonso deixará de existir.

– Não! – gritou a mulher desesperada. – Mate-me, pois que sou a maior culpada. Deixe-o viver que é pai de família, e é apenas uma vítima, como tu o sabes.

– Assunto encerrado. Agora, quero-te como nunca. Ainda que em teu corpo esteja entranhado o suor do miserável, desejo-te com tal loucura que este momento significará para nós a libertação da presença desse homem, porque a partir deste instante, somente o meu suor entranhará a tua pela doce, aveludada... propiciando-me real prazer.

Não mais suportando ouvir tais palavras, Afonso precipitou-se para o interior do aposento íntimo, resfolegando qual animal ferido. O corpo desnudo de Ofélia estonteou-o por curta fração de segundo e finalmente falou descontrolado.

– Se queres a minha morte, então vem tu próprio fazer-me cair sobre a terra. Caso contrário, não viverás para sofreres a perda da mulher amada, visto que dela não me separarei jamais.

A luta mortal entre os homens teve início. Ofélia tremia, contendo o grito preso na garganta. Durante um tempo que lhe parecera uma eternidade, de pálpebras cerradas, ouvia os ruídos provocados pelo combate ferrenho entre os homens enfurecidos, quando um gemido sufocado ecoou acompanhado do barulho de um corpo caindo ao solo. Desesperada, reabriu os olhos, ainda encolhida a um canto do leito e deparou-se com o corpo de Gaspar inerte no chão. A nuca sangrava e a seu lado, Afonso segurava pequena estatueta de bronze, visivelmente exasperado.

– O que fizeste, meu louco amor? – conseguiu finalmente falar a esposa da vítima, agonizante.

Ainda fora de controle, Afonso ordenou:

– Coloca uma roupa. Vamos partir imediatamente. Recolhe tudo o que houver de valor, que seja fácil de transportar, e não percamos tempo para irmos. Logo será dia claro e todos estarão a nossa procura."

A tinta da pena de Desirée parecia ter chegado ao fim. Tentara seguir adiante, entretanto não havia pressa em concluir a história. Quando retornou à escrita, novas paisagens mentais, desconexas, deram seguimento no papel, deixando o atento leitor desapontado.

Fazia uma noite quente. Pedrinho choramingou, mas logo calou-se. Afonso não conseguia conciliar o sono. A secura na boca o impelia a beber mais água, quase a findar-se na pequena bilha sobre o criado mudo.

Suas mãos estavam gélidas, o corpo todo estremecia ante as lembranças dos escritos de Desirée. "São apenas criações de uma mente perturbada", pensava, mas ainda assim não conseguia desligar-se da narrativa de sua mãe. Folheou mais algumas páginas e nada, somente informações desordenadas. Exausto, buscou o leito. Quando finalmente as pálpebras pesaram, prenunciando a chegada do sono, Pedrinho acordou assustado, chorando descontrolado.

Afonso tomou-o nos braços, porém a criança continuava a chorar elevando a mãozinha como se quisesse apontar algo e pronunciava insistentemente: "mamã... mamã...".

Um arrepio percorreu o corpo de Afonso e logo pode perceber a figura da mulher que o perseguia, insistente. De imediato, lembrou-se da condessa, uma das personagens da fantástica história relatada por Desirée. A descrição física era tal como constava no diário. Mediante este pensamento, o sangue enregelou-se nas veias. O coração palpitava no peito e podia ouvir a voz da mulher gritando-lhe: "assassino... assassino...". Estaria ficando louco? Não, disso tinha certeza que não. Por que, então, a ocorrência dos fenômenos inexplicáveis? Como combatê-los? Queria proteger o filho de tais acometimentos, entretanto, não sabia a quem recorrer. Neste estado de aflição, raciocinou: "Se posso ouvir a voz da mulher, decerto será capaz de escutar-me também." Sentando-se no leito, abraçando o filho ao colo, mentalizou com todas as forças de seu coração.

"– Senhora, se puderes captar os meus pensamentos, gostaria de algo fazer por ti.

– Assassino! – vociferava a mulher. Determinado, Afonso prosseguia buscando sensibilizá-la:

– Vê, tenho em meus braços uma criança linda que necessita desfrutar um sono tranqüilo. Se foste mãe, algum dia, apieda-te deste pequeno ser que ora sofre com a tua presença.

Após breve pausa, apenas o silêncio reinava no ambiente. Pedrinho voltou a adormecer com serenidade. Mesmo assim, Afonso movido por uma força íntima deixava o coração falar por si:

– Observo que deves estar sofrendo por razões por mim desconhecidas, contudo, desejo com toda a força de meu ser minorar o teu sofrimento. Sou um homem solitário cuja única alegria é cuidar de meu filho e alimentar o sonho de reencontrar-me com a minha filha Ana Cecília.

Neste instante, a mulher exaltou-se novamente:

– A maldita não! Ela não vencerá as trevas para onde será arrebatada.

Desesperado, ante a reação inflamada do fantasma, o senhor Oliveira perguntou-lhe:

– Por que a odeias tanto?

– Ela seduziu o meu pai e o deixou arruinado. Minha mãe suicidou-se por sua causa.

Novamente o silêncio. Afonso sem saber o que mais lhe dizer, arriscou uma explicação:

– Estás enganada, minha filha é muito bem casada e ama o esposo acima de tudo.

A mulher insistiu em afirmar:

– O meu pai será a mão que vingará a nós dois, aguarda e verás!

– Senhora, espera mais um pouco. Ana Cecília é inocente de tal acusação, sequer poderá conhecer o senhor teu pai."

Nenhuma resposta pode ser captada novamente. Afonso estava impressionado. Agora não mais duvidava da possibilidade de comunicação com os mortos. O diálogo não poderia ser fruto de sua imaginação, visto ter consistência própria, lógica e objetividade. Pensou na esposa e o peito encheu-se de ternura. Por que não vinha ela visitá-lo vez em quando? Ah, como gostaria de dizer-lhe o quanto ainda a amava e o tanto que sentia sua falta! Envolvido nesses doces pensamentos adormeceu, por fim, abraçado ao filhinho agora tranqüilo.

Pela manhã, entregando a criança aos cuidados de Maricá, Afonso dirigiu-se para o salão onde costumavam recepcionar os convidados nas ocasiões festivas. O ambiente agradável mantinha-se conservado como a senhora Oliveira o havia decorado, desde a última reforma, por ocasião da festa de aniversário de Ana Cecília. Abriu a pesada porta de madeira maciça e respirou o ar enjoativo, pesado, denunciando que há muito não era renovado. Descortinando todas as janelas, descerrou-as uma a uma permitindo a entrada do sol ardente.

Ainda sob o efeito da leitura da noite anterior, dirigiu-se até o quadro de Ofélia, de tamanho natural, retratado por Gaspar, que lhe fora enviado por Rafael após o suicídio do pintor. Impressionante! Tal como a narrativa, os traços da jovem senhora eram perfeitos. Gaspar soubera explorar-lhe a sedução do colo magnífico, como também captar a singeleza do olhar franco, inatacável. Como pudera ser tão tolo? Admitia estar enciumado do irmão que fora capaz de ler a alma daquela mulher, externando a sutiliza de um sentimento que ele próprio não havia sido competente de captá-lo no íntimo. Maldito Gaspar! Mesmo naquele momento parecia desafiá-lo na conquista da mulher amada.

* * *

Desde o diálogo mental que travara com o fantasma da mulher de cabelos ruivos, desgrenhados, detectou que o comportamento de Pedrinho voltara ao normal. Afonso, embora não demonstrasse, estava intranqüilo. Escolhera os servos mais dedicados para acompanhá-lo na mudança para o Brasil, deixando ao encargo do administrador, Antônio Silva, as tarefas habituais. Damasceno supervisionaria algumas propriedades até que também se fosse para a nova terra, juntamente com a família.

Houve muitas lágrimas no momento das despedidas, no

dia da viagem. Cândida preferiu ficar em casa, não suportaria assistir o navio afastar-se do porto.

A nau portuguesa rasgava o oceano com segurança e dispondo de certo conforto aos passageiros. A viagem transcorria sem incidentes, contudo o coração do senhor Oliveira apertava-se conforme o passar dos dias.

A chegada ao Brasil deu-se a contento. Em razão das irregularidades de datas de saída e chegada dos navios, Diogo diariamente seguia até o ancoradouro em busca de notícias. Por meio do comandante de uma nau com carregamento de negros para serem comercializados como escravos, fora informado de que uma caravela trazendo passageiros chegaria dentro de dois dias. Nada comentou com a esposa, visto o seu estado de ansiedade.

De fato, ao chegar ao porto, os primeiros passageiros desembarcavam em terra firme. Buscou ansioso com o olhar e finalmente avistou a figura inconfundível do sogro com uma criança ao colo. Indo ao seu encontro, abraçou-o ternamente.

– E minha filha, como tem passado? – indagou, Afonso, disfarçando sua apreensão.

– Muito ansiosa com a chegada da família. Não quis avisá-la antes de ter certeza de que estariam neste barco.

– Fizeste bem. Essa indefinição de datas é um transtorno para todos nós.

Rafael e a esposa finalmente desembarcaram. Diogo emocionou-se ao rever Maria Ângela, a grande aliada dos momentos mais difíceis. Finalmente, todos reunidos, partiram para a nova habitação.

Ana Cecília impacientava-se com a demora do marido. Andira ocupava-se com Manuela enquanto Sabá preparava a mesa para servir o almoço.

O barulho característico da parelha de animais puxando a caleça da família fez com que a jovem senhora corresse até a porta. Do lado de fora outras conduções também se aproximavam. O coração de Ana Cecília disparou no peito.

– São eles – gritou eufórica – arrojando-se para fora da nova casa paterna.

Entre lágrimas, jogou-se nos braços de Maricá, a serva querida, tão fiel à sua bondosa mãe. Tomou Pedrinho ao colo e achou-o muito parecido com o pai, o qual abraçou efusivamente. De propósito, deixou o último cumprimento para Maria Ângela, a amiga de todas as horas, apertando-a de encontro ao peito envolta em forte comoção emocional.

– Mal posso acreditar que estejam aqui, realmente! – comentou em meio à forte emoção. – Vamos todos para dentro, descansar da cansativa viagem.

A casa era um sobrado típico de fazenda, bastante confortável, mas nada comparada ao exuberante castelo da família Oliveira. Em volta da ampla residência, os canteiros exibiam flores variadas em homenagem à lembrança da falecida senhora Oliveira.

Afonso estava radiante como há muito não se sentia. Os filhos reunidos, a amizade com o genro, com o sobrinho, o carinho da netinha, tudo além do que poderia almejar.

Os servos também pareciam satisfeitos, exceto Maria, que ainda não conseguira aceitar dividir o amor de Rafael com outra pessoa. Ao contrário desta, Juvenal, ex-mordomo da residência de Gaspar, e Garibalde, também servo da família Albuquerque, estavam encantados com a beleza natural da nova terra.

Após o almoço, o cansaço da viagem exigiu um bom descanso dos recém-chegados. À noite, reunidos na sala de estar, todos conversavam alegremente. Foram horas muito agradáveis, cujo assunto principal versejava em torno dos novos investimentos da família. A casa de Diogo e Ana Cecília estava na fase final. Planejaram-na conforme o combinado anteriormente, ou seja, o suficientemente espaçosa para, também, abrigar o casal Rafael e Maria Ângela. O senhor Oliveira fizera questão de custear a obra da formosa residência: era o seu presente de casamento aos dois jovens casais, e uma forma sutil de manter a família unida.

As terras adquiridas por Afonso faziam fronteira com as de Diogo e de Rafael, e o ponto de encontro resultava num primoroso pomar recém-cultivado. Embora próximas, as casas não eram visíveis aos ocupantes de uma, ou de outra, visto a manutenção de inúmeras árvores da mata nativa do solo brasileiro.

Por ora, a casa de Afonso abrigava toda a família e os servos que o acompanharam na viagem. Por alguns dias esquecera-se de suas apreensões referentes a Juarez Botelho. Entretanto, a vinda de tal senhor à sua residência, pouco depois da hora do jantar, trouxe-lhe nova inquietação. O que poderia pretender o tal homem? Estaria ciente de que Ana Cecília ali se encontrava? Disposto a enfrentar a situação de uma vez por todas, dirigiu-se à sala particular onde o visitante o aguardava.

– Ora, mas que surpresa agradável, senhor Oliveira! Acho que me enganei de residência, supunha encontrar o senhor Munhoz como proprietário, conforme informações obtidas.

– De fato houve um pequeno engano neste aspecto, em particular. Diogo foi o intermediário na compra da fazenda, entretanto, ele aqui reside em razão de sua casa estar em fase de acabamento.

– Não cheguei a imaginar que a amizade entre os senhores fosse tão... estreita.

– Trata-se de algo que vai além de uma simples amizade: ele é esposo de minha filha Ana Cecília.

Surpreso diante da informação, o senhor Botelho dissimulou uma naturalidade que longe estava de sentir. O coração palpitou forte no peito e as mãos tornaram-se gélidas e transpiraram em abundância. Rever Ana Cecília sempre lhe parecera um sonho irrealizável, sabê-la tão próxima provocou-lhe secura na garganta dada a euforia íntima, embora procurasse disfarçar.

– Mas que notícia extraordinária! Conheço-o muito pouco, mas simpatizei com ele. Esta, inclusive, é a razão de minha visita. Gostaria de estreitar nossa amizade oferecendo-lhe um jantar em minha residência. Somos vizinhos, sabias? – E sem aguardar resposta continuou a falar galantemente: – Que incrível coincidência! Agora estendo o convite a toda a família. Minha mulher ficará radiante com a notícia e terá muito prazer em recebê-los em nossa humilde moradia.

“Farsante!”, pensou Afonso. “Seus lábios destilam leite e mel, mas o coração é um poço de miséria, posso senti-lo. Em todo caso, melhor não enfrentá-lo frontalmente. Veremos aonde quer chegar.”

– O prazer será nosso em rever Rosa Maria. Trago-lhe notícias de sua família, portanto, basta-nos marcar a data para o reencontro.

– Amanhã, se não houver nenhum incômodo. – Os olhos de Juarez brilhavam ansiosos enquanto aguardava a resposta daquele que considerava ser o principal protagonista do seu afastamento da mulher amada.

– Estamos de acordo. Amanhã, à noite, nós nos veremos em tua residência. Decerto, meu genro saberá onde moras.

– Sim, claro! É a próxima fazenda após as tuas extensas terras.

– Podes aguardar-nos, então. Não te peço para ficar por mais tempo, pois que ainda não me recuperei da longa viagem, contudo, agradeço-te o gentil convite, certo de que seremos bons vizinhos.

Um pouco decepcionado, o senhor Botelho deixou a casa de Afonso sem a oportunidade de rever Ana Cecília. "Não importa", pensou eufórico, "amanhã a verei, e então saberei se ainda corresponde aos meus sentimentos. Ah, Cecília... Cecília, não sabes o quanto sonhei com o nosso reencontro. Tratar-te-ei como a uma rainha e na primeira oportunidade te direi do meu amor jamais esquecido!".

As lembranças do passado voltaram-lhe à mente, repassando os ternos momentos amorosos vivenciados ao lado da inesquecível mulher, ao mesmo tempo que um rancor emergia no peito, em crescente convulsão, contra o homem do qual acabara de se despedir. "Senhor Afonso de Oliveira", disse em voz baixa, "quis o destino nos unir outra vez! Quem será este Diogo a quem entregaste a tua filha? Por que não se consorciara esta com o cavalheiro apresentado como seu pretendente, por ocasião de sua festa de aniversário? Existe algo estranho nessa mudança para o Brasil. Seja o que for, haverei de descobrir!".

Após a saída de Juarez Botelho, Afonso participou aos familiares a razão da visita recebida e logo após, pediu licença para descansar. No quarto, caminhou de um canto a outro com ares de preocupação. O sono agitado, permeado de pesadelos, fez com que levantasse da cama muito cedo. Todos ainda dormiam. Pôs-se a caminhar pelos arredores da casa e ao avistar o casarão rústico, no qual os escravos se recolhiam durante a noite, aproximou-se silencioso. A rotina de trabalho iniciara. Os cativos espalhavam-se, retomando as mais variadas atividades, desde a árdua labuta na plantação de cana-de-açúcar até as tarefas mais de cunho doméstico. Um cheiro forte de café fresco atraiu sua atenção para pequeno recinto, próximo à senzala. Do interior da cabana vinha tênue luminosidade do lampião a óleo deposto sobre um toco de madeira e uma canção africana, entoada por voz feminina, embalava o amanhecer.

O senhor Oliveira deixou-se ficar ouvindo, por um instante, aquele canto, quase uma lamúria, enquanto o fogo crepitava no fogão à lenha fritando algo de aroma muito aprazível. Uma negra, de olhar manso, cabelos grisalhos presos num coque, no alto da cabeça, surgiu na soleira da porta com um sorriso simpático.

– Bom dia, patrãozinho, sê bem-vindo à cabana da Mãe Rosa!

O canto cessara, decerto era ela quem cantava. "Mãe Rosa", a feiticeira tão comentada e temida pelos escravos. A figura miúda da mulher destoava um pouco do que ouvira falar sobre ela. Imaginava-a bem mais robusta, altiva e arrogante. Ao contrário, seu olhar era terno, semelhante ao de mãe de uma prole numerosa, ao mesmo tempo que parecia investigar a alma humana por meio do brilho mágico proveniente dos olhos negros, vivazes, dos quais era impossível escapar às observações misteriosas.

– Bom dia, senhora! O que tens aí que estimula tão agradavelmente o paladar?

– Mãe Rosa acabou de passar um café fresquinho e está terminando de fritar uns bolinhos de queijo. Vem cá para dentro que te sirvo um punhado deles.

Aceitando tão cordial convite, que mais lhe parecia uma ordem irrecusável, Afonso assentou-se num banco rústico próximo ao fogão.

Após deglutir alguns bolinhos, saboreando o delicioso café, o visitante agradeceu-a sem conseguir desviar-se de seu olhar penetrante.

– Não há do que agradecer, patrãozinho! Mãe Rosa tem alegria em vê que gostou de suas prendas. Mas não precisa se ir por agora. Às vez, uma boa prosa faz bem ao coração.

Percebendo nas palavras da mulher a detecção de sua inquietude, tentou disfarçar seu estado de espírito.

– Pretendo caminhar um pouco, conhecer melhor a fazenda.

– Essa é uma boa intenção, mas sinto uma certa agonia atormentando vosmicê. Mãe Rosa não é mulhé de cunversa desapropriada e nem tem intenção de bisbilhotice. Pode cunfiá neste ovido que tá costumado a escuitá não só a palavra dita pela boca, como escuitá, também, as voz vinda do desconhecido.

Estremecendo, o senhor Oliveira quis desculpar-se.

– Mãe Rosa parece ser uma mulher especial, no entanto preciso ir. Há muito trabalho a fazer.

– Pois vai em paz! Quando achá que precisa de alguém para desabafar seus temores, já sabe onde me encontrá.

– Vou lembrar-me disso, senhora. Estejas certa!

– Todos aqui me chamam de Mãe Rosa. Vou ficar feliz com essa consideração.

– Oh, sim! Claro! – embaraçou-se Afonso com a sua falta de sensibilidade. – Foi um prazer conhecê-la, Mãe Rosa. Voltarei outras vezes para apreciar o seu café!

Despedindo-se com amabilidade, o novo senhor daquelas terras partiu meditando sobre este inesperado encontro. Havia-se impressionado com a argúcia da mulher, cuja frágil aparência contrastava com o forte magnetismo que exercia sobre as pessoas.

A noite caíra suavemente sobre o solar dos Oliveiras. A família preparava-se para cumprir com o compromisso acertado com Juarez Botelho. Apenas Rafael Albuquerque parecia tranqüilizado diante da expectativa desse reencontro.

Os anfitriões receberam os recém-chegados com alegria. Rosa Maria estava radiante ao se deparar com os velhos amigos. Diogo enlaçava a esposa como se tentasse protegê-la do olhar malicioso do dono da casa. Afonso, por um momento, desarmou-se ao abraçar a filha do antigo administrador de seus bens, pelo qual tinha larga consideração e grande apreço.

Juarez Botelho mal conseguia conter o nervosismo por ocasião do cumprimento formal à Ana Cecília. O coração bateu descompassado ao pousar os lábios sobre a pele macia da mão da bela visitante. A esposa de Diogo estremeceu ante aquele breve contato. Uma sensação de desconforto a invadiu de repente e instintivamente fugiu ao olhar ardente do homem que repudiara no passado.

O jantar transcorreu a contento. O anfitrião soubera conter suas emoções, comportando-se como um verdadeiro cavalheiro. Durante as despedidas o clima constrangedor do início dera lugar à cordialidade entre os presentes. No entanto, Diogo Munhoz estava mais reservado, antevendo momentos bastante desagradáveis em face da presença do audacioso senhor.

Passadas algumas semanas, Afonso e seus familiares readaptaram-se à nova vida na promissora colônia portuguesa. As atividades desenvolvidas impunham-lhes ampliar os contatos sociais na busca de maiores negociações com os grandes produtores canavieiros do povoado, que começava a despontar como cidade em larga expansão.

Diogo e Rafael trabalhavam arduamente na administração das lavouras enquanto Afonso cuidava da comercialização dos produtos. As mulheres eram responsáveis pela distribuição das tarefas domésticas aos servos de confiança e se ocupavam, incentivadas por Diogo, com a alfabetização dos jovens filhos dos escravos interessados na aprendizagem do uso das letras.

Juarez Botelho não mais se apresentara na propriedade, deixando os seus moradores mais aliviados quanto a possíveis molestamentos de sua parte.

No entanto, Maria Ângela ficava apreensiva em relação à mudança de comportamento de seu marido. Agora, já instalados na moderna moradia acabada recentemente sob os moldes da arquitetura européia, desfrutavam da companhia de Diogo e Ana Cecília como também dos servos Maria, Garibalde e Juvenal, além dos que já faziam parte das lidas domésticas, oriundos da família dos antigos donos da propriedade. O jovem senhor Albuquerque, embora continuasse apaixonado pela esposa, ausentava-se de casa com freqüência, regressando em horas avançadas, exalando, muitas vezes, o cheiro forte dos alcóolicos consumidos nas casas noturnas que passara a freqüentar em busca de emoções nas mesas de jogos.

Inicialmente, Maria Ângela tentou omitir o fato a seus familiares, na expectativa de que Rafael retornasse à normalidade. Todavia, as ausências contínuas do rapaz não passaram despercebidas dos moradores da casa, por muito tempo.

– O que está acontecendo? – perguntou-lhe, certo dia, Ana Cecília.

– Não sei exatamente – respondeu Maria Ângela visivelmente preocupada. – Rafael anda muito estranho ultimamente. Acorda diversas vezes durante a noite, fala coisas desconexas e depois cai em sono profundo, como se nada o houvesse perturbado anteriormente.

– E quanto as suas saídas noturnas, nada tens a dizer?

Enrubescida, a jovem senhora explicou:

– Meu marido tem trabalhado muito depois que aqui chegamos, e a morte trágica de seu pai parece tê-lo atingido consideravelmente. Algumas vezes, ouço-o chorar no silêncio da noite, mas não ouso intervir, pois sei que lhe é bastante penoso tocar no assunto.

– Minha querida, – abraçou-a Ana Cecília – meu irmão atravessa um momento difícil, reconheço. Entretanto não é justo fazer-te sofrer com esse comportamento inadequado. Se continuar agindo irresponsavelmente, serei obrigada a falar-lhe seriamente.

– Oh, não, peço-te não tomares tal atitude! Decerto irá pensar que estou a me queixar e poderá ficar muito aborrecido comigo.

Intempestiva como sempre fora, Ana Cecília concluiu:

– Pois que fique contrariado o quanto quiser, mas haverá de ouvir umas boas verdades, isso vai!

Conhecendo o temperamento da prima, Maria Ângela calou-se. De repente, um súbito mal-estar fê-la assentar-se pesadamente numa poltrona. Percebendo-a desfalecer repentinamente, Ana Cecília gritou por Maria. O médico da família fora chamado com urgência e em breve a jovem encontrava-se rodeada pelos familiares e pelos servos dedicados que a adoravam.

Rafael angustiava-se em meio aquela confusão e, finalmente, a voz do Dr. Lazarotte pode trazer tranqüilidade aos presentes.

– Está tudo bem agora, senhores! Em breve teremos um novo membro desta família entre nós. A jovem Maria Ângela espera um bebê.

A notícia foi recebida com imensa alegria. O jovem pai parecia em estado de choque diante da inesperada revelação. Ajoelhado, junto ao leito onde descansava a esposa amada, beijou-lhe as faces repetidas vezes. Recuperando as energias, Maria Ângela tinha novamente diante de si o homem com quem se casara.

A partir desse dia, Rafael Albuquerque ausentava-se raramente do lar, embora em alguns instantes parecesse melancólico e entregue a pensamentos sombrios, inatingíveis. Continuava a nutrir pelo tio um sentimento filial, perante o qual abstinha-se de cometer qualquer ato que pudesse causar-lhe aborrecimento.

Em pouco tempo o senhor Oliveira adaptara-se à nova terra. Comerciante nato, conquistava o mercado açucareiro utilizando-se de idéias inovadoras nas investidas comerciais, adquirindo o respeito dos outros produtores. O seu nome ganhara prestígio junto à comunidade local e não poucas vezes teve que atender a convites sociais essencialmente importantes a futuras negociações. Diogo, embora a rotina de trabalho, jamais deixava de reservar um tempo para dedicar aos estudos na área da medicina. O contato com o amigo Lazarotte era de extrema utilidade na aquisição de novos conhecimentos, além de manter correspondência regular com o amigo padre Selênio, com o qual discorria sobre suas pesquisas no campo das ervas medicinais.

Certa tarde, ao retornar da cidade, Diogo percebeu um movimento estranho nas proximidades da lavoura sob sua administração. Um negro correu ao seu encontro e o inteirou sobre um acontecimento trágico. Um dos escravos fora mortalmente ferido por outro cativo e encontrava-se necessitando de auxílio médico. De imediato, o jovem senhor despachou um mensageiro para chamar o Dr. Lazarotte, enquanto tomava algumas providências para salvar a vida do rapaz. Improvisaram uma maca no paiol onde manufaturavam a farinha de mandioca, não sendo permitido no local a presença de ninguém além de Diogo e mais dois auxiliares, entre eles, a mãe Rosa, cuja habilidade na prática da enfermagem caseira era reconhecida por todos.

Utilizando o material cirúrgico que mandara buscar em sua residência, com o qual, por diversas vezes, manuseara para suturar pequenos cortes provenientes de acidentes domésticos de moradores da região, Diogo sabia que a demora de socorro médico seria fatal para o ferido. Fazendo uso de determinadas porções de efeito anestésico, iniciou o atendimento de emergência.

Quando o médico deu entrada no recinto, o negro jazia adormecido sobre a maca improvisada, respirando regularmente. O corte sobre o abdome fora cuidadosamente suturado. A perfeição dos pontos parecia proceder das mãos de um profissional. Doutor Lazarotte ficou impressionado com a destreza do amigo.

– Bem se vê que estamos diante de um profissional nato! Não fosse tua intervenção, este negro, embora forte, não teria resistido ao grave ferimento. Estás de parabéns, Diogo!

Assentado sobre uma caixa de madeira, o esposo de Ana Cecília descansava, recuperando-se das longas horas de assistência ao ferido. Suas mãos trabalharam agilmente, parecendo conhecer com profundidade todos os procedimentos da arte cirúrgica, conseguindo fazer estancar a hemorragia proveniente das lacerações profundas produzidas pela lâmina afiada.

Mãe Rosa estava deslumbrante com o que assistira. Transcendendo a visão humana, vislumbrara um par de mãos luminosas conduzindo as de Diogo, num bailado mágico, sobrenatural, durante a intervenção no corpo do desditoso negro. Da fronte do rapaz irradiava um facho de luz que lhe norteava o pensamento lúcido, resultando nas ações seguras e eficazes. Ninguém, além dela própria, percebera os extraordinários acontecimentos, nem mesmo o principal protagonista destes.

O senhor Munhoz, como era chamado por todos, como desperto de um sonho, não detinha a noção exata da sua atuação. Embora leve enfraquecimento dos membros inferiores, sentia-se completamente refeito da luta empreendida para salvar a vida de Tião.

Abraçando o amigo, Lazarotte não sabia explicar a extraordinária ocorrência. Estava ciente de que suas experiências pessoais no campo da medicina seriam insuficientes para um atendimento daquele porte, contudo a feliz realidade do êxito alcançado estampava-se no rosto sereno do enfermo que ainda dormia profundamente.

A notícia sobre os feitos de Diogo em relação ao escravo ferido espalhou-se como um rastilho de pólvora. Os cativos passaram a ter por sua pessoa uma admiração especial. Muitos iniciaram a chamá-lo de "mão santa", entretanto, Diogo abstinha-se de incentivar a idolatria que os mais simples tentavam lhe imputar. Continuava a ser o homem simples, o esposo apaixonado, o patrão justo e generoso, fiel ao ideal de colocar-se a serviço dos mais necessitados.

Passada uma semana do triste acontecimento, Afonso ainda não definira o castigo a ser aplicado ao negro agressor. O capataz da fazenda, conhecido pelo apelido de "capitão Osório", em virtude do rigor empreendido no trato dos negros, era a favor da aplicação das tradicionais chibatadas em praça pública.

Rafael, pela primeira vez, discordava do tio. Achava que o capataz estava com a razão. Se o crime não fosse punido com rigor decerto este fato serviria para incentivar outros graves delitos. O senhor Oliveira, no entanto, abominava a idéia de transformar sua fazenda em palco de repugnante espetáculo. Investigou as razões que levaram ao trágico desfecho e chegou a conclusão de que o negro só agira em legítima defesa. Dessa forma, decidiu infligir ao réu o trabalho árduo, durante alguns meses, na plantação da cana-de-açúcar, com um número maior de horas durante um dia de serviço.

Ninguém argumentou contra a decisão. As mulheres suspiraram aliviadas, Diogo endereçou ao sogro um olhar de cumplicidade, conquanto Rafael parecesse decepcionado.

O capitão Osório afastou-se para dar cumprimento às ordens do patrão e Afonso buscou o refúgio de sua sala particular. Mal iniciara a leitura dos relatórios deixados em sua mesa por seu sobrinho, uma criada veio bater-lhe à porta. Era Mãe Rosa quem desejava falar-lhe. Intrigado, licenciou a serva para trazê-la à sua presença.

Ao adentrar o recinto, a mulher franzina dirigiu-se para onde estava Afonso e tomando-lhe a mão beijou-a comovida.

– Vim agradecê a vosmicê a bondade de teu coração, poupando o meu Zé de tão tenebroso castigo – falou fitando os olhos pasmos do patrão.

– Mãe Rosa, – disse após recuperar-se da surpresa – fiz apenas o que achei justo. Várias testemunhas inocentaram o rapaz. Espero que fatos como este não voltem a se repetir!

– Decerto que não, patrãozinho. Os negro acredita na justiça de vosmicê e não hão de querer decepcioná, vosmicê haverá de comprová o meu dito.

– Acredito nas tuas palavras, boa amiga. – E sustentando a profundeza do olhar da mulher à sua frente, acrescentou: – Fica em paz!

A noite estava fresca e o luar clareava amigavelmente toda

a região. Ana Cecília dispunha-se a levar alimento para o esposo e o enfermo no paiol da farinha, onde ainda se encontrava sob os cuidados de Mãe Rosa. Maria Ângela foi contra a sua intenção de ir sozinha ao local àquelas horas. Era Domingo e os negros, como de hábito, reuniam-se em cantoria próximo à senzala até altas horas. Insistindo acompanhá-la, a esposa de Rafael foi dissuadida pela prima, em virtude das recomendações médicas para que permanecesse de repouso.

Nada demovia Ana Cecília de seus objetivos. A personalidade forte somada à impulsividade de seus atos tornavam-na uma mulher audaciosa e decidida. Somente a serenidade de Diogo era capaz de detê-la. Apanhando a cesta de vime contendo o alimento saiu ao encontro do marido.

A caminhada parecia-lhe agradável. O cheiro da mata virgem fê-la lembrar Ofélia, consequentemente da avó Desirée, com a qual costumava caminhar, quando criança, pelo imenso pomar do castelo da família Oliveira. Um ruído provocado por passos cautelosos tirou-a da abstração em que se encontrava.

Diminuiu a marcha para concentrar a audição ao barulho detectado e teve a certeza de estar sendo seguida. Apressou o passo, no entanto sentia-se cada vez mais ao alcance de quem a estava acompanhando. Parando de repente, resolveu enfrentar o seu perseguidor.

– Quem está aí? – indagou, voltando-se em direção de onde provinha o ruído, que cessara naquele momento.

Após alguns segundos, uma voz masculina respondeu-lhe calmamente, fazendo-a estremecer:

– Desculpa, minha senhora, não tive a intenção de assustar-te!

– Senhor Botelho, o que fazes aqui?

– Posso explicar-me, senhora, não me leves a mal! Estava a

fazer o meu passeio noturno, como de habitual, e quando me dei conta já havia invadido as tuas terras. Encontrar-te caminhando a sós foi uma grande surpresa para mim, além de considerar extremamente perigoso para uma mulher tão bela.

– Agradeço-te a preocupação, contudo estou em segurança. Meu marido aguarda-me no paiol. Foi um prazer rever-te!

– Cecília, – manifestou-se Juarez segurando-lhe o braço – não te vás, ainda, preciso te falar!

Desvencilhando-se das mãos do rapaz, a jovem senhora censurou-lhe o gesto ousado;

– Espero que continues a te comportar como um cavalheiro, senhor. Nada temos a conversar. Além disso, estão à minha espera no paiol.

Tomado pela paixão a consumir-lhe os sentidos, Juarez Botelho insistiu.

– Tua frieza não pode ser real. Esqueces do quanto nos amávamos outrora?

– O que houve entre nós foi puro arroubo da juventude, senhor. Estou casada com o homem a quem amo com todas as forças do meu ser, como também, tu estás unido a uma pessoa digna e honesta, merecedora de todo respeito.

– Ainda te amo, Cecília. Desde o momento em que te vi novamente, não consigo deixar de pensar em ti.

– Esta insanidade momentânea decerto passará. – E tentando afastar o homem que exalava o cheiro de alcoólicos, acrescentou: – Se continuares a me importunar, serei obrigada a falar ao Diogo e a meu pai.

– A tua soberba não me convence, cara senhora. Não temo enfrentar quem quer que seja por ti. Jamais desistirei do teu amor, lembra-te disso!

Após fitar Ana Cecília de forma ameaçadora, Juarez desapareceu por entre as sombras das árvores. Quase a correr, a senhora chegou ao local onde se encontrava o marido, ainda assustada com o inoportuno encontro.

– O que houve? – perguntou Diogo percebendo-lhe a palidez das faces.

– Oh, nada de mais! Apenas uma coruja alçou vôo à minha passagem e assustei-me um pouco!

– Mas estás trêmula – comentou Diogo ao abraçá-la.

– Não devias ter vindo sozinha!

– Bobagem, meu querido. – E voltando-se para Tião que a fitava encantado com a sua bondade, brincou: – Vejo que o nosso doente já está sentindo o aroma da comida que estou trazendo. Estou enganada?

– Decerto que não, Sinhá. O cheiro tá bão mermo!

Servindo o prato do esposo e do escravo ferido, Ana Cecília tentava dissimular sua inquietação. Garibalde, encarregado de auxiliar ao enfermo durante a ausência de Mãe Rosa, aguardava, sentado a um canto do recinto, o momento de levar a sopa de legumes ao Tião.

Segurando a mão da esposa, Diogo aconselhou:

– Quero que te vás, agora. Pedirei a Garibalde para acompanhar-te. Ainda me demorarei um pouco na assistência ao enfermo.

– Precisas mesmo ficar? Poderia esperar-te mais um pouco.

– Melhor não. Manuela poderá precisar de ti e Maria Ângela carece de cuidados especiais.

– Tens razão. Ficarei aguardando-te em nossa casa!

Indo até a porta, Diogo despediu-se beijando-a ternamente. Ao chegar a casa, Ana Cecília sentia-se meio enfraquecida. Uma indisposição gástrica fê-la recolher-se mais cedo ao leito.

Durante a noite foi acometida por ânsia de vômito, tendo que levantar-se algumas vezes, movida pelo mal-estar. Pela manhã, o marido buscou examiná-la. Tomando-lhe as pulsações e apalpando minuciosamente a região do ventre, Diogo pareceu tranqüilizar-se.

– O que há comigo? – perguntou-lhe a mulher apreensiva.

– Pedirei ao Dr. Lazarotte que venha ver-te para confirmar minhas suspeitas. No momento, recomendo-te repouso. Essa indisposição ainda demorará um pouco.

Sentando-se no leito, Ana Cecília insistiu num esclarecimento:

– Não estou entendendo o que há de errado comigo e por que tu te encontras tão despreocupado? – as últimas palavras foram ditas cheias de ressentimento.

Abraçando-a, Diogo concluiu entre sorrisos:

– A hora não é própria para aborrecimentos, e sim, para alegria. Acho que iremos ter outro bebê!

Emocionada, a jovem esposa continuou a perguntar:

– Como podes estar certo disso? Bem sabes que minhas regras são muito irregulares.

– Mesmo assim, tenho quase certeza. Todavia, aguardemos o diagnóstico médico.

Entrelaçados, o jovem casal experimentava uma felicidade ímpar ante a possibilidade da vinda de um novo filho.

Após um exame cauteloso, o doutor Lazarotte com ares de mistério voltou-se para sua ansiosa paciente.

– Não devias duvidar das palavras de teu marido. Realmente esperas um bebê!

– Eu não duvido, – falou entusiasmada – mas o próprio Diogo insistiu na confirmação.

– Pois ambos estão de parabéns! Agora, o que temos a fazer é observar o desenvolvimento da criança até o nascimento.

Voltando a seus afazeres, o médico deixou a residência em clima de festa. Afonso abraçou a filha visivelmente emocionado e Maria Ângela não se continha de contentamento. Rafael ergueu um brinde à saúde das duas mulheres, enquanto Diogo beijava a filhinha Manuela dizendo-lhe que ganharia um irmãozinho.

À hora do jantar, Juvenal veio anunciar a visita de Juarez Botelho. Afonso fez menção de levantar-se da mesa de refeição, mas Diogo impediu-o com um gesto, propondo ele próprio receber o visitante.

Na sala de visitas o recém-chegado, galantemente vestido, caminhava de um canto a outro do recinto parecendo impaciente. Ao deparar-se com o dono da casa abraçou-o respeitosamente. Após os cumprimentos formais, Juarez, pedindo permissão para acender um charuto, explicou-se.

– Hoje no final da tarde encontrei um grande amigo, vindo da velha Europa esta semana. Em conversa, mencionou estar a procura da fazenda do senhor Oliveira pois tinha uma correspondência destinada ao genro deste senhor. Ofereci-me para acompanhá-lo até aqui. No entanto, meu amigo necessitava fazer uma viagem em caráter de urgência e encarregou-me de fazer chegar as tuas mãos a tal missiva.

Retirando do bolso da elegante casaca o envelope pardo, no qual destacava-se a letra inconfundível de Dom Ramiro, entregou-o a Diogo.

Disfarçando a emoção e dissimulando naturalidade ante a ocorrência, o senhor Munhoz recebeu a encomenda atendo-se ao nome do remetente.

– Agradeço-te, pois, a cortesia. Há muito aguardava notícias destes... amigos.

Guardando a correspondência na gaveta da escrivaninha,

convidou o visitante a participar do jantar como forma de parecer-lhe amigável.

Adentrando o recinto onde se encontravam os familiares de Diogo, Juarez endereçou a Ana Cecília um olhar significativo. A arguta senhora estremeceu, embora não houvesse demonstrado. Disfarçando a contrariedade, Afonso cumprimentou-o educadamente, oferecendo-lhe uma cadeira próxima à sua.

Encerrada a refeição, todos se dirigiram a sala de estar, onde os homens passaram a discutir sobre questões comerciais e as mulheres iniciaram os planos em relação aos futuros bebês. Por um instante, uma expressão de tristeza emoldurou o belo rosto de Ana Cecília.

– O que houve? – perguntou-lhe Maria Ângela apreensiva.

– Nada de mais – manifestou-se a prima conservando a mesma expressão de melancolia no olhar. – Todavia, quando penso na criança que estou a esperar, sinto-me acometida por um receio inexplicável... muito estranho!

– Ora, ora, isso é bobagem – interrompeu Maricá que também fazia parte do grupo. – Muitas mulheres experimentam sensações desagradáveis durante a gravidez. Isso se deve à fragilidade momentânea em que se encontram, mas tudo desaparece com o nascimento do bebê.

– Não fiquei assim quando esperava Manuela.

– Decerto porque tinhas outras preocupações, prima, – apaziguou Maria Ângela. – Vai dar tudo certo, verás!

Os dias transcorriam calmos, embora as inúmeras atividades na fazenda. Tião recuperava-se rapidamente da recente intervenção cirúrgica, Rafael dedicava-se com afinco ao trabalho e aos cuidados com a esposa. Somente Diogo estava desassossegado após a leitura da carta de seu genitor. Anastácia, sua mãe, estava enferma. Uma parte de si ansiava correr para junto da genitora, a outra, desejava permanecer ao lado da mulher amada, amparando-a durante a gestação que se desenvolvia a contento. Angustiado, o rapaz trazia o cenho carregado denunciando visível preocupação. Foi neste estado de espírito que deparou com o sogro no momento em que se dirigia à lavoura.

– Bom dia, senhor Oliveira! – disse apeando do cavalo.

Respondendo ao cumprimento perguntou, em seguida, após observar a expressão de contrariedade estampada no semblante do genro

– O que está a acontecer? Algum problema com a minha filha?

Relatando ao sogro as razões de seu desconforto, Diogo pareceu aliviar-se depois do desabafo.

– A saúde de tua mãe anda muito instável nos últimos anos. Acho que deverias fazer uma visita a teus pais.

– Não posso deixar Ana Cecília no estado em que está. Ademais, seria loucura levá-la comigo.

– Não necessitarás de mais de um ou dois meses para estares com os teus familiares. Minha filha está cercada de pessoas de toda confiança que a amam verdadeiramente. Além disso, conforme as últimas notícias obtidas, a família Damasceno está prestes a chegar na cidade. Minha cunhada, Cândida, decerto dará toda assistência à nossa menina. Portanto, deverias aproveitar a oportunidade para reveres os meus queridos amigos e ainda estares de volta antes do nascimento do bebê.

Pensativo, Diogo prometeu estudar o assunto. Mais animado, continuou a caminhar junto ao sogro discutindo sobre os novos investimentos da fazenda.

Depois do jantar, aproveitando o momento em que ficaram a sós na sala de estar, Diogo participou à esposa sua intenção de viajar para a terra natal. A princípio, Ana Cecília insistiu em acompanhá-lo, contudo, analisando os riscos para a saúde do bebê, concordou em permanecer na fazenda.

Os dias passavam rapidamente mediante os preparativos para a partida do ex-noviço. Como era esperado, a família Damasceno desembarcou na cidade de São Sebastião do Rio de Janeiro em meados de outubro, trazendo reconforto aos que os aguardavam com ansiedade.

Carlos e Cândida Damasceno aceitaram o convite de Afonso de permanecerem na fazenda até o nascimento dos filhos de Maria Ângela e de Ana Cecília, adiando, dessa forma, os planos de estabelecimento na zona urbana, onde pretendiam firmarem-se comercialmente.

Às vésperas da viagem, Diogo encontrava-se mais agitado do que nos dias anteriores. O coração apertava-se ante a expectativa de se distanciar da esposa, agora entrando no terceiro mês de gravidez. Apesar da presença de Cândida e do desvelo que ela devotava à sobrinha, não conseguia libertar-se do efeito atemorizante das palavras de Mãe Rosa no último encontro que tiveram: "Muita vez, não conseguimo mudar o rumo do nosso destino, mas se pudermo evitá que a revolta tome conta do nosso coração, talvez, Deus permita nós ganhá nossa alma, caso contrário, só dor e escuridão cruzará nosso caminho. É preciso ter fé e muita força para enfrentá o vento e a tempestade e é de muito necessário amansá o furor do peito diante do recumeço. Só assim a divindade poderá abrir o seu manto acolhedô, curando todas as feridas e abrandá todo sofrimento, por mais cruel que seja".

Aprendera a amar e a respeitar aquela mulher de cujo peito foram arrancados todos os rebentos para serem vendidos por alto valor em praça pública, visto a reputação de excelente "matriz", gerando filhos fortes e saudáveis acima das expectativas do mercado.

Obrigada a deitar-se com inúmeros "reprodutores" de regiões circunvizinhas, tivera sua primeira "cria" aos treze anos de idade, somando desde então um total de vinte e seis filhos, visto que em diversas "barrigadas" tivera parto duplo. Aos quarenta e cinco anos de idade dera à luz, pela última vez, a Zoe, que não teve o mesmo destino dos demais irmãos por haver nascido com um pequeno defeito no pé, tornando-o incapaz para a comercialização. Em razão de haver sido uma grande "reprodutriz", cuja linhagem de negros fora considerada como uma das melhores, segundo os especialistas, foi-lhe permitido pelo seus antigos donos ficar com o pequeno enjeitado.[1]

Um exemplo vivo de resignação, Mãe Rosa desenvolvera, desde jovem, o dom de comunicar-se com os mortos, de visualizá-los, ganhando o respeito de muitos e temores de outros, por sua capacidade de prever fatos futuros e da incrível faculdade de curar determinadas doenças por intermédio do manuseio de galhos de plantas e de suas rezas misteriosas.

Impelido a procurá-la novamente, Diogo encontrou-a preparando o lanche da tarde na cabana próxima à senzala. Embora esses encontros fossem habituais à feiticeira, como era denominada por alguns, interpelou-o com a bondade de sempre:

– A angústia no peito tem atormentado vosmicê nos últimos dias, não é mermo?

– É inútil tentar esconder-te algo, Mãe Rosa, mas se te é dado saber tantos mistérios dize-me, pois a razão de meu padecimento. Por que essa sensação de que algo terrível está prestes a acontecer? Acaso a morte estará rondando o leito de minha mãe?

---

[1] *Os termos entre aspas usados nesses parágrafos são específicos da época - nota da editora.*

Um longo suspiro sacudiu o peito da negra cujo semblante enigmático não deixava transparecer suas reais convicções. Voltando o olhar manso em direção do rapaz, após ligeira reflexão manifestou-se calmamente:

– Devemo encará a vida e a morte com a crença de que a divindade qué o mió para nóis... mermo não cumpriendendo as razão de certos acuntecimento, num temos que alimentá a revolta no coração.

Mediante tais palavras, Diogo sentiu o sangue enregelar-se nas veias.

– Estou certo, então, diante de minhas suposições?

– Vosmicê tem que quietá. Desse modo num vai podê sê de grande ajuda aos seus. Uma importante missão te aguarda. Teus guias sabe o que esperá de ti, portanto, cunfia neles.

– Mas... preciso que me digas, Mãe Rosa!

– Vosmicê haverá de sabê quando chegá a hora. A impaciência num é boa companhera, a mode que tira a paz e o sono de quarqué um. Assim, ora bastanti, com toda alma, como custumava fazê naquele lugá e então encontrará sussego para a tua aflição.

"Naquele lugar...", mais uma vez a velha escrava o surpreendera. Referia-se ao mosteiro, não tinha dúvidas, contudo suas palavras não lhe apaziguaram o espírito ansioso. Embora o seu desconserto, Mãe Rosa tomara outros assuntos. Quando agia assim, seria inútil tentar arrancar-lhe novas revelações. Resignado, Diogo retomou o caminho de casa envolto em profundos pensamentos.

Capítulo XII

PERSEGUIÇÃO E MORTE

Na fazenda Campo Santo o clima era de alegria. Anastácia saíra de seu habitual abatimento para colorir as faces e colocar um de seus melhores vestidos. A presença do filho caçula dava-lhe novo ânimo, quase não sendo possível disfarçar a euforia íntima. Dom Ramiro, apesar do semblante austero, deixava transparecer a satisfação de ver a família outra vez reunida. Mais brando quanto às suas idéias radicais, recebeu o filho desertor com incontida emoção. Pablo e Ramiro Neto também expressavam intensa felicidade. Sentindo-se menos constrangido, Diogo tentava corresponder à cordialidade da família, esquecendo um pouco a saudade, quase insuportável, da esposa e da filha.

Em momento adequado, aproximou-se do irmão mais velho e buscou explicar-se quanto ao seu casamento com Ana Cecília.

– Queria que soubesses que ignorava completamente o teu compromisso com a minha mulher. Jamais teria levado a termo esta união se conhecesse a verdade. Espero que me perdoes!

– Perdoar-te? Do modo como falas parecer haver cometido o maior crime de tua vida. Assossega, meu irmão! Já vai longe esse tempo. Ana Cecília nunca me amou e por ser uma pessoa verdadeira quis evitar um grande erro. Estou feliz por ambos. Ademais, casei-me com uma mulher maravilhosa que me deu uma linda garotinha, razão do nosso viver. Fica em paz, Deus sabe melhor do que nós o que é importante para todos.

Abraçando-se emocionados, os dois rapazes foram atender ao chamado do pai, na biblioteca. Apesar de ser um homem do campo, Dom Ramiro apreciava a boa leitura, dispensando longas horas diárias para a aquisição de novos conhecimentos.

Recebendo os filhos sem a formalidade de sempre, trazia no olhar o cansaço dos anos, embora um brilho diferente pudesse ser perceptível pelos mais próximos. Após sorver uma caneca de vinho em companhia dos filhos, convocou Damiam a permanecer em sua companhia. Ao ficarem a sós, Dom Ramiro pronunciou-se, preocupado:

– Damiam, eu muito pedi a Deus a oportunidade de estar contigo novamente e dizer dos meus anseios como pai e benfeitor. Na ânsia de acertar cometi muitos enganos, resultando na situação de ver-te como um foragido da igreja.

– Papai, gostaria de pedir-te perdão pela decepção causada...

– Nada tenho a te perdoar – atalhou o genitor disposto a continuar expondo os seus pensamentos. – Quero aqui esclarecer-te das razões que me levaram a fazer tão dura exigência. Tua mãe e o padre Selênio aconselharam-me relatar-te toda a verdade, e nesse momento considero estares pronto para ouvi-la.

Atentamente preso às explanações paternas, Damiam, que entre os seus voltara a atender pelo nome de origem, não sabia o que esperar de tais esclarecimentos.

"És um homem feito, filho. E sobre o que desejo te inteirar é do conhecimento apenas de tua mãe, do padre Selênio e de nosso amigo Afonso, pai de tua mulher. – Suspirando profundamente, Dom Ramiro prosseguiu: – Certa feita, apareceu em nossa fazenda um homem bem aparentado em busca de trabalho. Não é do meu feitio abrigar estranhos em minha propriedade, mas convencido pelas argumentações do recém-chegado, deixei-o ficar. Durante cinco anos, foi o meu braço direito na condução da fazenda. Levantava-se todos os dias antes do nascer do sol e era o último a se recolher para o descanso necessário. Tornou-se quase um irmão, tanto era sua dedicação pela minha família. Certa vez, precisei ausentar-me do lar, por uns dias, como já o fizera inúmeras vezes, incumbindo-o das atividades habituais. – Passando o lenço sobre a testa para enxugar o suor abundante, Dom Ramiro parecia querer recuar da narrativa, entretanto, vencendo o pequeno momento de vacilação, prosseguiu determinado: – De todas as vezes que parti, jamais havia experimentado o receio de não voltar para casa, ou de que pudesse ocorrer algo desagradável aos meus entes queridos durante minha ausência. Todavia, naquela ocasião, o meu peito oprimiu-se quando me afastei da casa. Não obstante os negócios a serem realizados nas cidades vizinhas, decidi retornar antes do tempo previsto."

A curiosidade no rosto do jovem ouvinte era visível, mantendo-o interessado em descobrir quais razões haviam contribuído para o genitor encaminhá-lo ao mosteiro.

"Ao ver-me adentrar o recinto doméstico antes do prazo previsto, Manuel Rodrigues empalideceu. Estranhando o comportamento do fiel empregado indaguei se algo errado estava a acontecer. Meneando negativamente a cabeça, disse-me apenas que minha mulher encontrava-se indisposta e necessitava de descanso. Desagradado com a informação, de cunho tão íntimo, fui ao encontro de tua mãe. – Dom Ramiro suspirou novamente e continuou a discorrer sobre os fatos procurando disfarçar o esforço que fazia para manter-se calmo. – O quarto estava na penumbra e Anastácia, deitada no leito, parecia adormecida. Aproximei-me e chamei-a pelo nome. Voltando-se em minha direção abraçou-me entre soluços. Neste momento, ouvi um galope de animal afastar-se velozmente do local. Tive ímpetos de verificar de quem se tratava, mas o pranto de tua mãe prendeu-me a atenção."

Neste momento da narrativa, Dom Ramiro fitou o rosto do filho com severidade, deixando transparecer um olhar grave, odiento, provocando um estremecimento no rapaz. Atenuando, a custo, a fisionomia carregada de ressentimento, continuou em voz baixa.

"Abraçado ao corpo trêmulo de Anastácia percebi algumas marcas arroxeadas em seu pescoço. Atônito, retirei-lhe as vestes e fiquei aterrorizado diante dos hematomas detectados em diversos pontos do corpo. Desesperado, sacudia-a interrogando-lhe a verdade. Ainda sob o impacto de forte comoção emocional, tua mãe revelou haver sido violentada por aquele que demonstrara ser o seu maior guardião.

Cego pelo ódio a tomar-me de imprevisto, ordenei à tua mãe que guardasse segredo sobre o ocorrido e saí a procura do criminoso. Levei alguns dias até localizá-lo em uma estalagem, num lugarejo não muito distante. Subornando o dono do estabelecimento, penetrei o recinto onde o miserável descansava pesadamente. Sem lhe dar nenhuma chance de defesa, cravei pequeno punhal em sua garganta sem que o mesmo tivesse tido tempo para emitir nenhum gemido."

O rosto de Damiam transfigurou-se numa máscara de horror ao imaginar a cena estarrecedora. Dom Ramiro caminhou pela sala como se vivenciasse novamente a mesma sensação de outrora e permaneceu em silêncio, por um instante, em frente à janela. Fitando o vazio, passou a mão pela barba abundante, gesto característico de quando estava visivelmente agitado e mencionou voltando-se para Damiam:

"A nossa desgraça não findou com a morte do abominável traidor. Anastácia, sob os cuidados do prestimoso padre Selênio, recuperava-se lentamente do trauma da violência sofrida, enquanto eu, a partir daquele dia, mantive-me afastado de seu leito aumentando ainda mais as suas dores íntimas.

Dois meses após o trágico acontecimento, tua mãe caiu enferma. Mesmo amando-a desesperadamente não busquei a reaproximação, embora cuidasse para que nenhuma assistência pudesse lhe faltar. Foi, então, por que veio a notícia da pior dor já enfrentada em toda a minha existência. – Fitando o rosto atônito do filho, o orgulhoso senhor não conseguiu evitar que as lágrimas lhe banhassem o rosto sombrio e sofrido. – Anastácia estava grávida... esperava um filho do homem que desonrou o meu lar, para cuja maldade não havia reparação, nem mesmo com a morte."

Como atingido por um raio, Damiam jogou-se de joelhos aos pés do homem a sua frente, suplicante:

– Basta, pai! Por favor, não digas mais nada.

– Continuar é preciso, Damiam – erguendo-o pelo braço, sustentou o olhar do rapaz, prosseguindo a falar com mais calma.

"Não será necessário mencionar o meu desespero diante da situação. Decidi que a criança jamais deveria nascer. Até hoje não consigo entender como o padre Selênio foi capaz de convencer-me do contrário. Com o tempo, a minha vida conjugal foi retornando à normalidade, entretanto o bebê deveria ser destinado a um orfanato após o nascimento. Novamente fui dissuadido pelo habilidoso servo de Deus, ficando acertado, no entanto, que no momento oportuno o amaldiçoado rebento seria entregue à casa de Deus."

Sentando-se pesadamente sobre uma poltrona, Dom Ramiro concluiu, passando as mãos sobre as têmporas embranquecidas:

– Eis a razão, Damiam, de minha inflexibilidade em relação a teu destino. Prometi a Deus poupar-te a vida, em contrapartida, deveria Ele encarregar-se de ti, para todo o sempre.

Chorando convulsivamente, o rapaz permanecia em silêncio.

Comovido, diante do sofrimento do ex-seminarista, Dom Ramiro retomou a palavra:

"Gostaria que soubesses o quanto me é penoso relatar-te

toda a verdade. Minha intenção não foi a de te fazer padecer, indevidamente, com esta triste história. Queria, no entanto, que pudesses compreender o teu pobre pai, que hoje reconhece que foi inútil tentar odiar-te. Quanto mais te repeli, mais senti por ti o calor de um sentimento jamais admitido.

Quantas vezes fugi de tuas carícias infantis, tentando enganar a mim mesmo, tentando desconhecer que tu, quanto a tua mãe e os teus irmãos, eram a razão de minha própria vida. Incontáveis vezes fui ao teu leito acariciar-te os cabelos fartos enquanto dormias... por castigo ou miséria, eu não sei, mais nunca pude esquivar-me do amor que me inspiravas, filho, e isso me martirizava, pois era obrigado a lutar diariamente contra a força deste sentimento que nem o ódio, nem o rancor conseguiram suplantar."

Damiam transbordava de emoção sob a influência mágica daquelas palavras. Realmente não detinha recordações de qualquer gesto de carinho provenientes do enigmático senhor Toledo. Todavia, seus sonhos sempre foram permeados de momentos ternos ao lado da figura paterna, o que lhe servira de alimento às fantasias infantis, preenchendo a carência afetiva de que às vezes era acometido.

Pela primeira vez, envolvidos pela força de uma atração extraordinária, pai e filho abraçaram-se sem a aspereza que os conflitos íntimos impunham as suas atitudes, entregues, unicamente, ao irresistível sentimento do amor.

..*

Juarez chegara casa de Ana Cecília sem aviso prévio. O cavalheirismo de outrora dera lugar à insolência ameaçadora à senhora pela qual nutria doentia adoração. Os servos, já habituados as freqüentes visitas daquele que aos olhos de muitos tornara-se um dos melhores amigos de Rafael, não estranharam a presença do mesmo àquela hora da manhã.

Introduzido à sala onde a esposa de Damiam encontrava-se empenhada nos preparativos do enxoval do bebê, cumprimentou-a com desdém.

– Bom dia, senhora! Verifico que tuas prendas vão além da capacidade de felicitar a um homem com tuas carícias.

– Fico admirada do quanto aprecias ser desagradável, senhor. Meu irmão não se encontra em casa, portanto, não há razão para permaneceres aqui.

Certificado de estarem sós, o senhor Botelho aproximou-se da moça, assentando-se a sua frente.

– Não estou aqui por causa de Rafael. Queria falar-te Cecília, é muito importante.

Amedrontada, a jovem senhora descansou o bordado sobre a poltrona ao lado e preparou-se intimamente, para rebater mais uma das constantes investidas do visitante.

Tomando-lhe uma das mãos, Juarez beijou-a antes de pronunciar-se.

– Tua pele tem a maciez e o viço de uma pétala de rosa. Sou louco por ti, Cecília! Por que me desprezas tanto?

Retirando a mão daquele contato incômodo a moça reagiu veemente:

– Afasta-te de mim, Juarez. Não ouses falar comigo nesses termos.

– Quanto és tola ao pensares que poderás me enfrentar. Tenho provas suficientes para incriminar o teu marido, sabes disso. Um desertor, quem diria!

– Se não saíres daqui imediatamente, ordenarei a um servo que traga meu irmão até aqui.

Levantando-se e caminhando em volta da moça, o homem divertia-se com as suas ameaças.

– Ah, então não acreditas que posso levar Rafael à ruína? As promissórias assinadas por teu irmão quando freqüentava a casa de jogos estão em meu poder. Resgatei-as uma a uma. A qualquer momento poderei protestá-las, tal qual o teu pai teria procedido contra mim, caso me negasse a consorciar-me com Rosa Maria.

– És um crápula, Juarez. Põe-te daqui para fora!

– Não estás em condições de fazeres exigências, minha doce e bela dama. Ninguém no mundo poderá afastar-nos novamente, a não ser que queiras arriscar ver o teu querido esposo sucumbir em frias masmorras após ser condenado pelos seus descalabros, atentando contra a dignidade da Igreja. No meu saber, os inquisidores são bastante temíveis e severos quanto às punições impostas aos réus.

– Sob quais acusações poderias incriminá-lo?

– Deserção, prática ilegal da medicina, bruxaria... A primeira opção já seria o bastante para aniquilá-lo. Como bom cristão que sou, faço doações generosas à Igreja e o meu prestígio é muito grande no meio clérigo.

Avançando sobre o cavalheiro, Ana Cecília vociferava:

– Cão maldito, se pensas que me submeterei às tuas ameaças, estás enganado.

Segurando-a pelos pulsos, o inescrupuloso senhor continuou a pronunciar-se com desdém.

– Calma, senhora. O teu estado inspira cuidados e não desejo que nada de mal te aconteça. Apenas quero que decidas sobre a nossa fuga. Já tenho tudo preparado, basta que me digas quando.

– Nunca! Ouviste bem, nunca!

– Pena Cecília, muita pena! Poderíamos resolver tudo a contento. Ninguém sofreria nenhum dano irreparável e eu poderia fazer-te muito feliz. Todavia, obrigas-me a tomar medidas mais drásticas, infelizmente. Deixar-te-ei por agora, mas lembra-te, serás minha e de mais ninguém, custe o que custar!

Após a saída de Juarez Botelho, a jovem senhora deixou-se cair sobre o assento. O rosto pálido dava-lhe uma aparência sobrenatural, quase irreal, cujos olhos espraiavam dor e desespero.

O que fazer? pensava, enquanto procurava recompor-se. Recorrer ao pai poderia pôr em risco a saúde deste que não era a mesma desde a morte de sua mãe. A intercessão por parte de Rafael o levaria à ruína inevitável. Impossível seria contar com a proteção do marido sem colocar sua vida em perigo iminente. Decidiu, pois, calar-se e aguardar o retorno de Damiam, para depois pensar numa solução adequada.

Abstraída, Ana Cecília não percebeu a aproximação de Cândida e Maria Ângela, que já se encontrava nos dias de ganhar o bebê.

– O que houve, filha? – perguntou-lhe Cândida, assustada com a palidez da face da moça.

– Uma leve indisposição tia, assossega! Nada sério, um copo de leite resolverá o problema.

– Ora, minha querida, tens te alimentado tão mal ultimamente. Estou preocupada contigo!

– Desnecessariamente. Maricá não se descuida de minha alimentação. No momento, temos que ter cuidado é com Maria Ângela. O bebê poderá vir a qualquer hora, precisamos estar atentos.

Habilmente a esposa de Diogo asserenou as duas mulheres, embora o cérebro convulsionasse na tentativa de encontrar meios de refrear as investidas de Juarez.

Nessa tarde, Rafael adentrou o lar radiante de alegria. A

esposa encontrava-se recolhida ao leito, Cândida ocupava-se na administração dos afazeres domésticos, somente Ana Cecília continuava seus bordados sentada próxima à janela da sala de estar. Ao avistar à moça, correu ao seu encontro. Ajoelhando-se a frente desta, tomou-lhe as mãos, beijando-as efusivamente.

– Estou livre, minha irmã! Graças a ti Juarez devolveu-me as promissórias, aceitando como pagamento parte da produção do açúcar comercializada recentemente.

– Que maravilha, meu irmão! – pronunciou Ana Cecília, procurando demonstrar uma alegria que não conseguia sentir no íntimo. – Verificaste se os documentos são legítimos?

– Não há menor dúvida de que sejam. Em reconhecimento à aceitação dele ao teu pedido a meu favor, convidei-o para jantar conosco esta noite.

– Forçando um sorriso, Ana Cecília concordou, preocupada em descobrir as reais intenções de Juarez, visto o encontro nada agradável pela manhã.

Desculpando-se estar indisposta, para o desaponto do senhor Botelho, a senhora Toledo não participou da ceia em família, permanecendo em seus aposentos íntimos.

Enquanto Ana Cecília debatia-se, insone, no leito, ansiosa pelo retorno do esposo amado, Diogo refletia nas palavras do amigo padre Selênio, recolhido à minúscula cabina do navio que lentamente o conduzia de volta ao lar.

Doía afastar-se dos entes queridos, da terra natal, todavia a saudade da mulher e da filha estava insuportável no peito mal pressagiado pela longa ausência.

As palavras do bondoso ancião não lhe saíam da cabeça:

"Muitas vezes o destino parece voltar-se contra nós, Damiam. Nossa compreensão resvala nas desarmonias dos acontecimentos, deixando-nos atônitos, desguarnecidos de fé, sem esperança. Entretanto, na escuridão da noite, observa as centenas de milhões de estrelas desfilando no infinito e pergunta-se se em meio a essa complexidade incompreensível teria Deus povoado de homens, somente o nosso planeta? Será que estamos sozinhos no Universo? Por que o Criador, na sua incontestável sapiência, usaria de tanto desperdício para ocupar-se somente com a Terra? Se nos é difícil tecer hipótese sobre estas questões meramente físicas, quanto mais querermos nos rebelar quanto ao rumo dos nossos destinos. Há uma razão para tudo, Damiam, embora não saibamos quais sejam exatamente. No entanto, as lições de Jesus são claras: 'Vinde a mim vós que estiverdes aflitos porque serão consolados. ', '... porque brando é o meu julgamento e leve o meu fardo... '

Portanto, se tudo tem uma causa e toda causa produz um efeito, então não existe um efeito sem uma causa, o qual será sempre proporcional a fator que lhe deu origem. Desse modo, não será lícito atribuir a Deus a responsabilidade sobre o que nos acontece de bom ou de mau, pois que estes são resultados das nossas ações, que oscilam entre o positivo e o negativo, de modo que cada indivíduo viverá em conformidade com as suas próprias obras. Se a causa sempre precede ao efeito, então os sofrimentos e as alegrias de hoje são resultados de nossos feitos passados. Sendo assim, uma criança que nasça e desde cedo sofra padecimentos inexplicáveis, sem que tenha tido tempo de gerar esse sofrimento na atual existência, nos leva a crer que ela o tenha desencadeado numa experiência anterior à vida intra-uterina, donde se conclui que o homem não se desenvolve numa única existência, necessitando de muitas outras, nas quais lhe será possível aprimorar o espírito destinado à perfeição."

– Outras existências! Seria isso possível? – Erguendo-se

do leito, Damiam encaminhou-se até o convés do navio. Olhou para a imensidão da abóbada celeste e o brilho fascinante das estrelas parecia desafiar-lhe as idéias controversas. O pensamento voltou-se involuntariamente para a esposa distante. Um mal pressentimento fê-lo estremecer bruscamente. Gostaria de ter asas para voar para junto de seu amor. Faltava apenas uma semana para tê-la novamente entre os braços, todavia, uma angústia crescente o inquietava tirando-lhe o sono. Finalmente, vencido pelo cansaço das noites anteriores, passadas em claro, adormeceu profundamente.

Era madrugada. Ana Cecília despertou sobressaltada pensando haver ouvido um barulho no trinco da porta do quarto. Em voz alta perguntou:

– Quem está aí?

Silêncio absoluto. A secura na garganta fê-la tomar um copo d'água disposto no criado-mudo. Julgando-se estar impressionada pela visita de Mãe Rosa durante à tarde, voltou a deitar-se.

"Fujas para longe sinhá, há uma nuvem negra cercando a casa de vosmicê. Num sei bem o que é, mas é coisa ruim sinhá, disso tenho certeza. Num fica sozinha na casa. Sonhei com cobra venenosa, dessas que mata só de olhá, isso é traição certa, acredite, moça. Mãe Rosa não está enganada!"

Incrédula quanto às superstições dos negros, Ana Cecília prometeu cuidar de sua segurança, evitando as caminhadas pela propriedade. Tranqüilizada pelo afastamento de Juarez Botelho nos últimos dias, aconchegou-se no leito tentando conciliar o sono. Mal cerrara os olhos e a porta abriu sem fazer ruídos.

Aproximando-se do leito, o homem tocou-lhe o ombro suavemente.

Deparando-se com o olhar enlouquecido de Juarez, Ana Cecília sentou-se no leito num impulso incontido. Colocando-lhe a mão sobre os lábios trêmulos, o homem recomendou num sussurro:

– Fica quieta. Qualquer ruído que faças, tua família correrá perigo.

Empurrando a mão do rapaz, a moça ameaçou-o:

– Se não deixares esta casa de imediato, gritarei por socorro.

Emitindo um sorriso sarcástico, o homem puxou-a até a janela, entreabrindo-a. Apanhando o castiçal, com a vela quase a findar-se, movimentou-o horizontalmente várias vezes. Do lado de fora, um pouco afastado da casa, um facho de luz, talvez proveniente de pequena tocha, respondeu ao sinal.

– Vês como não estou a brincar! – verbalizou Juarez voltando-se para a mulher, pálida, à sua frente. – A casa está cercada. Sei que estás sozinha com tua filha e alguns servos. Qualquer reação negativa, estarás colocando em risco a vida dos teus.

– Miserável! Conhecia o teu caráter leviano, desonesto. Pude perceber a vilania dos teus atos, contudo não te julgava um criminoso.

Segurando-a pelos ombros e fitando-lhe os olhos abrasados de rancor, concluiu:

– Não sou um perdedor, Ana Cecília. Se minha não fores, de outro jamais serás novamente.

Temendo pela segurança da filha, Ana Cecília acompanhou o seu raptor, caminhando com certa dificuldade. No oitavo mês de gravidez, sentia-se incapaz de correr para longe, entretanto percebeu que seguiam em direção à fazenda de Juarez, o que seria inevitável passar próximo a propriedade de seu amado pai.

Percorridos alguns metros do percurso, um homem baixo e atarracado veio-lhes ao encontro. Percebendo-o, Juarez interrogou-o.

– E então, tudo em ordem?

O nervosismo do homem era visível quando respondeu:

– A mulher fugiu, patrão. Os outros estão à sua procura, logo haverão de encontrá-la, pois no estado em que está, não deve ter ido muito longe.

Irritado, Juarez exasperou-se.

– Exijo que a encontrem o quanto antes. A madrugada vai alta e precisamos acabar com isso antes do amanhecer.

Antes que o homem tivesse tempo para responder, três outros desconhecidos aproximaram-se trazendo notícias da foragida. O mais alto dentre os recém-chegados discorreu sobre a última ocorrência:

– A situação está sob controle, senhor. Quando ordenar, colocaremos a moça no paiol e atearemos fogo no local.

Terrificada diante do plano hediondo, Ana Cecília interveios:

– Pretendem matar alguém? O que está havendo, Juarez? Qual a razão para tanta maldade?

– Não te aflijas, minha querida! Trata-se de uma escrava sem importância. Precisamos de um corpo para simular tua morte. Dessa forma, ninguém pensará em procurar-te.

Nem mesmo a escuridão da noite pode omitir a palidez do rosto da jovem senhora. Atônita, enfrentou seu algoz.

– Ordena a teus homens que nos deixem a sós. Preciso falar-te em particular. – Tentando ganhar tempo, Ana Cecília ansiava pela ocorrência de um milagre.

Imerso em grande agitação, Juarez deu o comando de retirada aos capangas que obedeceram de imediato.

– Se tens algum plano de fuga em mente, melhor desistires. Ao ponto em que chegamos, não há como voltar.

– Concordo contigo – acrescentou a jovem – contudo, se pretendes levar a termo o assassínio dessa desconhecida, recuso-me acompanhar-te.

Tocando uma das mãos no rosto de Ana Cecília, que recuou um passo, o homem reafirmou o seu posicionamento:

– Daqui por diante caberá a mim a decisão sobre o nosso destino. Pela manhã estaremos longe daqui. O corpo de uma mulher grávida, consumido pelo fogo, será encontrado tão logo as chamas sejam combatidas. Entregar-me-ás, agora, o teu anel de casamento, como também, o medalhão que te enfeita o colo maravilhoso. Esses dois objetos servirão para identificar como sendo teus os restos mortais da pobre infeliz sob os escombros da velha cabana.

– Jamais colaborarei com tal hediondez. Não temo a tua ira, senhor Botelho! Prefiro a morte ao infortúnio de viver ao teu lado.

– Não me provoques, Ana Cecília!

Movida por uma força inexplicável, a moça empurrou-o, desvencilhando-se temporariamente de seus braços, pondo-se a correr em direção à casa paterna.

Colhido pela surpresa, Juarez desequilibrou-se, caindo ao solo. Ao erguer-se, partiu na perseguição da fugitiva, que embora o avançado estado de gravidez, movimentava-se com agilidade.

O esforço empreendido para ir no encalço de sua presa, aumentou a fúria do perseguidor. Resfolegante, finalmente, alcançou-a, segurando-a pelas vestes.

Sentindo-se perdida e movida pelo instinto de não se deixar aprisionar novamente Ana Cecília lutava tenazmente para libertar-se de seu algoz. Em meio ao furor da contenda, Juarez sacou do punhal que trazia, ocasionalmente, preso ao cinturão de couro curtido, tentando imobilizar a vítima com ameaças de morte.

Tomada pelo pânico, a esposa de Damiam perdeu a lucidez, continuando a debater-se, imprudentemente, provocando em seu agressor um furor incontrolável. Diante da resistência da moça, o raciocínio do rapaz turvou-se, convulsionado pelo sentimento de destruição, cravando a lâmina afiada no colo macio e alvo de sua amada, por três vezes consecutivas.

Vendo-a cair ao solo, mortalmente ferida, teve ímpeto de atentar contra a própria vida, mas faltou-lhe coragem para dar continuidade ao sinistro pensamento. Ouvindo as vozes dos comparsas vindo em sua direção, buscou recompor-se ordenando que se dispersassem, levando para longe a escrava, cujo terrível destino fora modificado pela fatal ocorrência.

Após a retirada de seus homens, Juarez percorreu o caminho de retorno ao lar totalmente fora de si.

Respirando com dificuldade e no limiar das últimas forças vitais, Ana Cecília conseguiu alcançar o patamar da residência do senhor Oliveira, tocando o sinete preso à porta principal, antes de desmaiar sobre o solo frio, encharcando-o com o sangue borbulhante a jorrar-lhe das feridas no peito.

Desperto pelos servos, em desespero, o pai de Ana Cecília correu em seu socorro. O Dr. Lazarotte fora chamado às pressas, enquanto Afonso aguardava mortificado, segurando a mão da filha agonizante.

– Pai... , – balbuciava a moça, tentando erguer-se da poltrona onde fora colocada – pre... ciso falar-te...

– Agora não, filha. Procura descansar. Logo o médico estará aqui e qualquer esforço empreendido por ti poderá ser fatal.

Temendo não haver tempo suficiente para expressar os seus desejos, Ana Cecília insistia:

– Q... quero... que salvem... o bebê!

Contendo as lágrimas, Afonso tentava reanimá-la como a querer reter junto a si o sopro de vida a esvair-se gradativamente:

– Os dois sobreviverão, tem calma!

Apertando a mão do genitor, e fitando-lhe os olhos úmidos, a jovem manifestou-se com dificuldade:

– Pro... prometa... que pedirá ao doutor. – Apesar do enfraquecimento orgânico, Ana Cecília prosseguia falando, determinada: – Maria Ângela... cuidará... das cri... anças.

Cândida que adentrara o recinto naquele instante, aproximou-se contendo a dor do desespero, buscando acalentar a amada sobrinha:

– Precisas acalmar-te, filha. É importante para o bebê que te poupes de qualquer esforço. Tem fé em Deus.

Lutando para manter a consciência, Ana Cecília procurou controlar a respiração ofegante. À chegada do médico, a moça reabriu os olhos e pronunciou suas últimas palavras, levada pelo sentimento maternal.

– Sal... ve o bebê, por... favor! Meu... Damiam vai aceitar o meu... pedido. Maria Ân... gela cuidará... deles...

Lamentando nada poder fazer para salvar a vida da esposa de seu melhor amigo, o doutor Lazarotte inquiriu a moribunda após apaziguá-la quanto aos cuidados que empreenderia para trazer a criança ao mundo, com vida.

– Quem praticou tão insana loucura contra ti, Ana Cecília?

Olhos fixos no rosto congestionado do amigo, a jovem suspirou pela última vez, levando consigo o nome de seu algoz.

Conforme prometera, sufocando a dor provocada pela perda irreparável de tão jovem criatura, Dr. Lazarotte, utilizando a extensa mesa da sala de jantar, improvisou o ambiente cirúrgico, onde procedeu à operação, retirando o pequeno rebento das entranhas daquele corpo inerte, ainda quente, como a favorecer o êxito do ousado procedimento.

O choro do pequenino invadiu o ambiente. Os sinais correspondiam às expectativas do médico extasiado diante do que considerava ser mais um milagre da vida.

Neste momento, uma criada surgiu à porta comunicando que Maria Ângela encontrava-se sentindo fortes dores abdominais.

Repassando o recém-nascido à Mãe Rosa que chegara há pouco atraída pelas últimas notícias, o médico dirigiu-se ao andar superior onde a moça se encontrava sob o impacto do trágico acontecimento.

A emoção forte desencadeara o processo natural de trabalho de parto, exigindo a tomada de providências imediatas no preparativo do parto que se daria em poucas horas.

Foram momentos de agitação diversificada. O doutor Lazarotte juntamente com a senhora Damasceno davam assistência à Maria Ângela, enquanto Rafael, do lado de fora do recinto, dividia-se entre o pranto doloroso pela morte trágica de sua única irmã e a emoção de ver concretizado o seu maior sonho: o nascimento de tão esperada criança.

* * *

O pensamento de Afonso turbilhonava repassando o passado feliz em companhia da esposa e filha. O sorriso de Ana Cecília, por ocasião da comemoração de seu aniversário de quinze primaveras, encheu-lhe o peito de ternura levando-o a acariciar as flores viçosas plantadas sobre túmulo da inesquecível criatura. Diariamente, desde a sua morte, às primeiras horas da manhã, sentava sobre o banco de pedra que mandara edificar junto ao que considerava ser a última morada daquele ser tão especial para si, permanecendo em silêncio, reflexivo, repassando cada momento importante de sua longa existência. Entre as mãos trêmulas segurava a última carta enviada pelo padre Damiam, o ex-genro, que após a morte da esposa retornara ao mosteiro depois de cumprir o último desejo de Ana Cecília, o de repassar a guarda dos filhos para a abnegada amiga Maria Ângela, passando a dedicar sua vida aos menos favorecidos da sorte.

Retomando o caminho de volta à casa, caminhava lento, apoiando o corpo encurvado pelo tempo, na bengala de cabo de marfim doada por Rafael, enquanto era envolvido por doce bem-estar ao dirigir-se para a cadeira de balanço, de vime envernizado, na qual costumava sentar-se para fazer uma leitura, ou simplesmente apreciar a paisagem da singela varanda da casa.

* * *

Ana Cecília, a filha de Maria Ângela, cuidava dos sobrinhos no pomar, ao mesmo tempo que embalava nos braços o filhinho de quase um ano de idade. Ao avistar o tio assentar-se no alpendre, foi ao seu encontro. Dentre os mais jovens, era ela e Manuela quem mais gostavam de ouvir suas histórias de quando era jovem.

Aproximando-se, a moça beijou-lhe a cabeleira embranquecida e sentou-se ao seu lado, observando-lhe o semblante sereno, quase feliz.

– Estávamos a tua espera para servirmos o café. Demoraste, hoje, no teu passeio habitual!

– Encontro-me sem fome. Vai tu com as crianças, deixa-me apreciar esta bela manhã.

– Oh não, tio! Esta é a nossa última semana junto a Pedrinho e a João Felipe que logo estarão de volta à Europa para retomarem os estudos na universidade. Vem fazer-nos companhia.

Acariciando a jovem com o olhar, o ancião disse-lhe apenas:

– Traze-me um copo de leite, é só o que desejo!

À entrada da jovem, Afonso cerrou as pálpebras e deixou-se envolver novamente pelas recordações. Lembrou-se da condessa que há tempos deixara de perturbá-lo. Pensou em Juarez, na sua obstinada loucura culminada pela morte por envenenamento provocada por ele mesmo. Já não o odiava pelo assassinato de sua filha. A própria vida o punira cruelmente com a perda da razão, e agora o seu coração estava velho demais para carregar tamanho fardo. Queria estar em paz para viver suas lembranças, com toda intensidade, até o dia em que tivesse que partir para junto dos entes amados. Sentia-se preparado. A carta do padre Damiam trouxera-lhe grande alegria anunciando a próxima visita. Todos o estimavam, em especial, Manuela e João Filipe, este último, estudando atualmente no velho continente. Sabia que não mais o veria, mesmo assim sentia-se feliz com sua vinda. Reabriu os olhos e o sol pareceu-lhe brilhar mais ardentemente, sem que seus raios lhe queimassem a pele ressequida pelos anos. O rosto de Ofélia surgiu em suas lembranças e um sorriso brotou-lhe na face cujos sulcos profundos denunciavam a longa permanência na Terra.

Quisera não ter vivido tanto! Não ter sido obrigado a chorar a morte de inúmeros amigos, o último fora Damasceno, o grande companheiro das derradeiras décadas! Agora, sentia-se aliviar de suas dores, de suas saudades. Aquele sol, brilhante, parecia ter o poder mágico de atenuar-lhe o peso dos anos. Jamais experimentara tamanha sensação de leveza, de revitalização...

De volta à varanda, Ana Cecília, com a xícara de leite entre as mãos, chamou o tio adormecido recostado no espaldar da cadeira ainda em movimento.

– Eis o leite que solicitaste, tio. Trouxe alguns biscoitos também.

Afonso continuava com as pálpebras cerradas, alheio à presença da sobrinha. Preocupada, a moça depôs a bandeja sobre uma cadeira e tocou o ombro do senhor Oliveira, sacudindo-o levemente. Nenhum sinal de retorno. Afonso continuava imóvel, entregue à emoção daquele momento expressivo, único, encantador, ainda que desconhecido.

"Que sonho lindo!", pensava enquanto Ofélia estendia-lhe os braços, segurando-o pelas mãos. Aquele contato parecia abrir-lhe as comportas de uma nova realidade, indescritível, transcendente. Quisera não acordar jamais! O sorriso de Ofélia encorajava-o a erguer-se do assento, para acompanhar a leveza de seus passos, sem a necessidade de pronunciar qualquer palavra, apenas a imantação mágica, mente a mente, sob o brilho fantástico do astro-rei recompondo-lhe as energias desgastadas pelo tempo, renovando a alegria íntima, há muito esquecida, completamente entregue ao encanto daquele sublime entorpecimento. Ao longe, sons de vozes agitadas chamavam-lhe pelo nome. Choros, lamentações distanciavam-se, paulatinamente, como se fizessem parte de uma encenação longínqua, irreal. Continuava a sonhar, pois Ofélia, postada ao seu lado, conduzia-o, suavemente, renovado pela esperança, ao encontro do maior espetáculo de sua existência: o sol da liberdade!

De Célia Xavier Camargo

Os Sinos Tocam

pelo espírito **Erick**

Na época de Carlos IX, houve na França um trágico episódio que ficou conhecido como "Noite de São Bartolomeu". Ainda hoje, quando os sinos tocam, repercutem desagradavelmente no íntimo daqueles espíritos que participaram do trágico acontecimento, lembrando-os das torturas e dos crimes praticados naquela terrível noite. As experiências aqui relatadas servem de exemplo e de alerta para todos os que vierem a ler esta obra, escrita com muito amor e dedicação.

Preciso de Ajuda!

pelo espírito **Eduardo**

Um livro que trata das questões do suicídio, da autodestruição. Ainda transmite que a valorização da vida nasce do autorespeito para alcançar a felicidade. É uma narrativa emocionante, instrutiva e consoladora, revelando que ninguém está desamparado pela Misericórdia Divina. Preocupados com a idéia do suicídio, jovens da cidade espiritual *Céu Azul* trabalham no auxílio aos encarnados.

Céu Azul

pelo espírito **César Augusto Melero**

Em narrativas emocionantes, consoladoras e instrutivas este livro mostra a situação de jovens desencarnados e posiciona a morte como inexistente, trazendo informações sobre o Mundo Espiritual. O jovem César, agora desencarnado, fala de suas experiências e de seus novos amigos na Espiritualidade.

De Francisco do Espírito Santo Neto

Coleção Fonte de Inspiração

pelo espírito **Hammed**

A Coleção Fonte de Inspiração reúne os livros *Sol do Amanhecer*, *Espelho d'Água*, *Além do Horizonte*, *Orvalho da Manhã*, *Folhas de Outono* e *Águas da Fonte* que trazem as mais luminosas citações dos espíritos Hammed, Lourdes Catherine e Batuíra, psicografadas pelo médium Francisco do Espírito Santo Neto e reunidas em livros de cabeceira. Trata-se de uma coleção de pensamentos que servem como verdadeiras lições de meditação sobre o nosso comportamento e nossas posturas diante da vida.

Os Prazeres da Alma

ditado por **Hammed**

Esta obra, a exemplo do livro *As Dores da Alma*, é objeto de estudo do comportamento e dos potenciais humanos baseada em *O Livro dos Espíritos*. O benfeitor Hammed denomina *Os Prazeres da Alma*, sentimentos como a sabedoria, a alegria, a afetividade, a coragem, o autoconhecimento, a lucidez, a compreensão, o amor, o desapego, a compaixão, o perdão e outros tantos. Hammed busca no trecho do *Novo Testamento* (Marcos 12:37) "E a multidão O escutava com prazer!" a inspiração para o título deste livro.

As Dores da Alma

ditado por **Hammed**

Nesta obra Hammed faz uma análise dos "sete pecados capitais" e, ao mesmo tempo, um estudo sobre a depressão, o medo, a culpa, a mágoa, a rigidez, a repressão – o que ele denomina as "dores da alma". Constrói pontes entre os métodos da sociologia, da psicologia, da pedagogia e diversas questões de *O Livro dos Espíritos*. Uma excelente reflexão sobre o comportamento humano.

Renovando Atitudes

ditado por **Hammed**

Hammed, neste livro, diz que só podemos nos transformar até onde conseguimos nos perceber. Ensina-nos como ampliar a consciência para que possamos enxergar as verdadeiras intenções que motivaram nossos atos e atitudes e, por conseqüência, melhoraram nosso procedimento em relação à vida. Obra baseada em *O Evangelho Segundo o Espiritismo*.

A Imensidão dos Sentidos

ditado por **Hammed**

Como "olhar" além do óbvio e do que nossos cinco sentidos podem oferecer? Como adentrar no vasto campo da sabedoria espiritual de forma natural e espontânea? Essas e outras tantas respostas você encontrará nessa obra baseada em *O Livro dos Médiuns*. Essas páginas constituem um verdadeiro tratado de como perceber a vida transcendental dentro e fora de nós.

Conviver e Melhorar

ditado por **Lourdes Catherine** e **Batuíra**

Os autores pretendem nos auxiliar a ter um bom relacionamento com nós mesmos, para que possamos lidar melhor com as personalidades difíceis que encontramos em nossa esfera familiar, no ambiente profissional e social. Ajudam-nos na arte do relacionamento interpessoal, facilitando e aperfeiçoando nossa convivência.

Um Modo de Entender - Uma nova forma de viver

ditado por **Hammed**

O principal objetivo desta obra é levar a todos um modo de pensar meditativo a respeito dos ensinamentos de Jesus de Nazaré. É abrir todas as janelas da casa mental para que possamos ver claro o oriente e o ocidente, o nascer e o pôr-do-sol, enfim para que possamos enxergar as diversas partes daquilo que se pensa ou se concebe, e o jeito como elas se apresentam. Ofertamos aos leitores **um modo de entender** que pode levá-los a **uma nova forma de viver**, se buscarem na própria intimidade o Reino dos Céus ou o Refúgio Sagrado, utilizando como tocha a luz multidisciplinar da ciência, da filosofia e da religião.

De Ana Cristina Vargas

Escravo da Ilusão

ditado por **José Antônio**

Escravo é todo aquele que de alguma forma abdica de sua liberdade de agir, abandonando seus ideais e renegando sua individualidade, para se adaptar ao conjunto de regras externas. Essa obra propõe uma viagem ao reino da escravidão buscando encontrar caminhos de liberdade. É uma valiosa oportunidade para extrairmos lições de viver e conviver em sociedade e também para encontrarmos a autoliberdade.

O Herdeiro - Série "Os Quatro Cantos do Mundo"

ditado por **José Antônio**

Quando da Terra o homem apenas conhecia a Europa, a África e a Ásia, o velho mundo encheu-se de lendas. Naufrágios, tragédias e muita especulação sobre uma terra nova e muito rica em prata e ouro embalavam o sonho de homens aventureiros, sedentos de fortuna. Era o Eldorado – glória, liberdade e riqueza além dos mares conhecidos – que enchia a mente e despertava a cobiça de espanhóis e portugueses. Nas primeiras décadas de 1500, essa realidade ainda se mantinha e é em meio a ela que surgem grandes heranças, cavaleiros medievais, ordens religiosas e um jovem herdeiro disposto a bem viver envolvendo-se nas aventuras do mundo exterior. Este é o primeiro volume da série.

A Virgem do Sol - Série "Os Quatro Cantos do Mundo"

ditado por **José Antônio**

Da vastidão dos Andes, num território ainda desconhecido do homem europeu, surge a história de uma sacerdotisa consagrada ao culto do Sol. Mulher proibida de conhecer o amor de um homem e que vive a experiência da escolha entre os desejos de seu próprio coração e suas obrigações religiosas e sociais. Entre as tramas da narrativa o leitor encontrará também o conflito entre os irmãos Athaualpa e Huáscar, que travaram uma batalha sangrenta em busca do poder. Era o prenúncio dos dias difíceis que o povo Inca enfrentaria com a chegada das expedições espanholas. A história retrata a vivência de criaturas movidas pela ganância, pelo medo, pela religiosidade, pelo dever e pelo amor, numa vida ambientada nos últimos dias do magnífico império de "Os Quatro Cantos do Mundo". Este é o segundo volume da série.

O Fim e o início - Série "Os Quatro Cantos do Mundo"

ditado por **José Antônio**

Narra a chegada das expedições espanholas ao seu destino e o processo de colonização do império Inca, o inevitável choque cultural, o contato do europeu com a diversidade de crenças e costumes de outro povo. Descreve também a relação entre as leis divinas: Lei de Conservação e Lei de Destruição. A busca pelo ouro e pelo poder, que levou os espanhóis à violência contra um povo pacífico e desarmado, foi capaz de destruir as crenças e valores sagrados impondo uma nova religião. Essa história leva o leitor a profundas reflexões a respeito de seus próprios atos e atitudes e propõe um mergulho intenso em seu universo interior. "O Fim e o Início" expressa as leis naturais da vida e demonstra como agem os sentimentos humanos no curso da existência, onde cada fim é em verdade um novo início. Este é o terceiro volume da série.

O Bispo

ditado por **José Antônio**

Um romance inesquecível onde o cenário é a Itália do século XVII. Período em que paixões proibidas, intrigas religiosas, crimes, poder, ambição, rígidos conceitos geraram conflitos humanos que só o amor é capaz de curar. Essa obra nos mostra que muitos dos nossos problemas têm suas raízes na falta de nos amarmos e nos aceitarmos plenamente, livres de culpa, dispostos a cooperar com a evolução e aceitar novas oportunidades.

Dramas da Paixão

ditado por **José Antônio**

Muito precisamos meditar sobre as mágoas afetivas que causamos aos nossos semelhantes quando, egoisticamente, envolvemo-nos com outra pessoa sem que nessa relação entrem afetos verdadeiros. Essa obra vem nos mostrar que sábias são as leis que regem a vida e que quando não escolhemos amar só nos resta como alternativa viver uma existência de dor, de solidão, de desalento e de angústia.

De Oneida Terra

Sob a Luz da Verdade

pelo espírito **Victor Hugo**

Esta obra conta a história de alguns questionamentos da vida, como os traumas que dificultam o relacionamento íntimo, comportamentos estranhos de pessoas que teriam tudo para ser feliz, amores não correspondidos, etc.. O autor espiritual Victor Hugo aponta alguns caminhos que podem ajudar a descobrir a solução para esses problemas.

Um Só Coração

pelo espírito **Sahija**

O livro mostra que ninguém é julgado ou sentenciado pelas ações, apenas chamados para refletir ante suas inconsequências. É a busca por tornar os costumes menos rudes e disciplinar as paixões, vencendo os antagonismos e estabelecendo a paz. No livro, Iron se nega a fazer uma denúncia de um crime, sofrendo abalos psicológicos, por não tomar a atitude desejada do espírito desencarnado.

Fotolitos de capa
ArtScan
(São José do Rio Preto, SP)

Impressão
Lis Gráfica e Editora Ltda.
(São Paulo, SP)